Reparación de Crédito:

ELEVA TU PUNTAJE CREDITICIO A MÁS DE 720

TABLA DE CONTENIDO

Introducción

El crédito y la reparación de crédito son términos clave en el mundo moderno que todo individuo que desee establecer una vida financiera estable para sí mismo debe entender. Si estás leyendo este libro, definitivamente estás interesado en reparar tu crédito o esperas aprender cómo construir un buen puntaje crediticio por ti mismo. No puedo explicar en palabras sencillas cuál es el valor de un buen puntaje crediticio para los negocios y para la vida financiera de una persona. La mayoría de las personas aprende esta lección de la manera más dura después de haber sufrido un rechazo u otro a la hora de asegurar un préstamo, alquilar un codiciado apartamento, o después de haber sido golpeado con intereses muy altos por una empresa hipotecaria. Si tú has aprendido esta lección de la manera más dura, no es demasiado tarde para compensar y reparar tu crédito de un puntaje crediticio bajo a uno alto. Sin embargo, antes de sumergirnos en los detalles sobre cómo puedes reparar tu crédito, profundicemos brevemente en los conceptos de crédito y reparación de crédito en caso de que sean completamente nuevos para ti.

¿Qué es el Crédito?

Para ponerlo más sencillo en esta fase introductoria, adoptaré el significado de crédito del Diccionario de Wikipedia: *El crédito es el fideicomiso que permite a una parte proporcionar dinero o recursos a otra parte, en el que la segunda parte no reembolsa a la primera inmediatamente, sino que promete reembolsar o devolver esos recursos en una fecha posterior.* Para ponerlo de otra manera, es la confianza que tiene tu posible empleador en ti para comprometerse a realizar transacciones monetarias a tu cargo; la seguridad que tiene tu arrendatario de que podrás pagar tu renta después del primer pago. Esta seguridad o confianza se mide en figuras conocidas como puntaje crediticio. This assurance or confidence is measured in figures known as credit score. En general, tu puntaje crediticio oscila entre 300 y 850, aunque hay varias clasificaciones. A pesar de que un acuerdo común es que un puntaje crediticio por debajo de 450 se considera muy mala; dentro del rango 450 y 650 se considera mala; dentro del rango 650 y 700 es justa; 700 y 750 es buena, y un puntaje por encima de 750 se considera excelente. En algunas otras clasificaciones, sin embargo, 720 se considera el punto de referencia para un puntaje crediticio excelente. Las agencias de crédito tales como Equifax, TransUnion, y Experian son organizaciones importantes que pueden presentarte tus informes de crédito anuales. Para reparar tu crédito, el lugar correcto para empezar es revisar tu informe de crédito actual y ver qué información es la responsable de la baja puntuación. También existen varias plataformas en línea donde puedes verificar tu puntaje crediticio gratis. Tu puntaje crediticio se genera usando tu historial crediticio y participación financiera. Todo esto constituye la información que comprende tus informes de crédito. Mantenerte al día con tu informe de crédito te mantiene al tanto de la situación de tu crédito y de las áreas en las que debes enfocarte para ayudar a mejorarlo.

Una serie de factores influyen en tu puntaje crediticio incluyendo tu historial de pago de facturas, la ausencia de errores de crédito, entre otros. Las empresas de préstamos, los empleadores y otras empresas financieras consideran tu puntaje crediticio antes de otorgar préstamos u otras oportunidades. Tu puntaje crediticio también influye en la tasa de interés que se te cobra en tus préstamos. Un puntaje crediticio bajo te privará de muchos privilegios de oro que de otra manera podrían haber mejorado tu vida. Esto explica por qué necesitas reparar tu crédito y conseguir llevarlo de un puntaje bajo a uno alto.

¿Qué es la Reparación de Crédito?

La reparación de crédito describe el proceso completo de arreglar un crédito problemático, de lo que resulta en un mayor puntaje crediticio. Esto puede incluir la eliminación de información negativa, la disputa de información inexacta en tu informe de crédito, el pago de pequeñas deudas y préstamos, y en algunos casos extremos, la declaración de bancarrota y, por supuesto, el cambio de tus hábitos de gasto, entre otros factores. La mayoría de las veces, la reparación de tu crédito implica actividades calculadas que debes orquestar tú mismo en lugar de consultar a una empresa de reparación de crédito. Este libro está centrado en cómo puedes alcanzar un excelente puntaje crediticio por ti mismo. Reparar tu crédito te da más oportunidades en el mismo de las finanzas y te ayuda a ahorrar más. Para preparar tu mente para el largo ejercicio de la reparación de crédito, te proporciono en los siguientes párrafos lo que puedes ganar por reparar tu crédito y aumentar tu puntaje crediticio.

Primeramente, reparar tu crédito aumenta tus posibilidades de obtener préstamos con facilidad. Además, puedes obtener préstamos con tasas de interés muy bajas. Por otra parte, un puntaje crediticio bajo atrae tasas de interés más altas. Préstamos aparte, un alto puntaje crediticio también te ayuda a pagar menos como cargos de tu prima de tu seguro - seguro de vida, seguro de hogar, seguro de auto, y así sucesivamente. Otra razón igualmente importante para reparar tu crédito es aumentar tu límite de crédito. Los emisores de tarjetas de crédito consultan tu historial de crédito para determinar el límite que deben poner en tu tarjeta de crédito. Un buen puntaje crediticio aumenta el límite de tu tarjeta de crédito. No, eso no es todo lo que hay por arreglar tu crédito. Un alto puntaje de crédito te ayuda a pagar menos depósitos de seguridad cada vez que tienes que registrarte para una tarifa de servicios públicos u otra. Los cargos por depósitos telefónicos y otros cargos por servicios públicos podrían ser más altos cuando tu puntaje crediticio es malo. Más aún, reparar tu crédito implica pagar tus deudas, y esto mantiene a los cobradores de deudas lejos de ti. Si alguna vez has llegado del trabajo para encontrarte con un sinnúmero de cartas, llamadas y correos electrónicos de tus cobradores, entenderás de qué te salva un puntaje crediticio alto.

Además, cada vez que necesitas rentar un apartamento, por ejemplo, o comprar una propiedad que requiera que pagues en cuotas, o solicitar un préstamo para iniciar un pequeño negocio, un alto puntaje crediticio te coloca en una posición favorable para ser considerado, pero un bajo puntaje crediticio hace exactamente lo contrario - ¡te perjudica y frustra! Lo mismo aplica para la solicitud de un trabajo y la compra o préstamo para un auto. También debo mencionar las dimensiones emocionales y psicológicas de tener un bajo puntaje crediticio. Con mal crédito, siempre se te pedirá que consigas un consignatario para todas tus solicitudes de préstamo o tarjeta de crédito. Conseguir uno cada vez que se necesita un favor así no es fácil. Con un buen puntaje crediticio, no necesitas depender de los cofirmantes para tus transacciones. Finalmente, es mejor estar completamente libre de la presión. Es casi inagotable cómo un mal puntaje crediticio puede arruinar tu vida y dejarte indefenso. La única salida es reparar tu crédito y ponerte en una posición ventajosa. La pregunta es, ¿cómo? Este libro está dedicado a ayudarte a salir de tu desordenada situación crediticia. Con las estrategias correctas aplicadas correctamente, puedes aumentar tu pobre o medio puntaje crediticio a 720 o más en cuestión de semanas.

En este libro, encontrarás toda la información útil

relacionada con cómo leer tu puntaje crediticio, qué hacer para mejorar tu puntaje crediticio, qué hacer cuando encuentres información inexacta en tu informe de crédito, la manera perfecta de escribir una carta de disputa, entre muchas otras revelaciones fundamentales que las compañías de reparación de crédito no quieren que tú sepas. Sin embargo, empiezo con lo más básico del crédito en el primer capítulo. ¿Estás listo?

CAPÍTULO UNO

FUNDAMENTOS DE LA REPARACIÓN DE CRÉDITO

La reparación de crédito implica el proceso crucial de arreglar el mal crédito, abordar las cuestiones legítimas relacionadas a los prestamistas, disputar la información errónea con los organismos crediticios, abordar las cuestiones fundamentales y señalar los daños ocasionados por el mal crédito. En pocas palabras, la reparación de crédito es el proceso real de corregir o restaurar un pal puntaje crediticio. Una reparación de crédito puede hacer de manera de bricolaje (hágalo usted mismo) o contactando con una oficina de crédito para señalar información incorrecta en un informe de crédito, así como pedir que dicha información sea totalmente borrada. Reparar un crédito obviamente significa que hay un mal puntaje crediticio.

¿Qué es el Crédito?

El crédito se refiere al fideicomiso que permite a una de las partes prestarle concederle un préstamo a la otra, y la segunda parte se compromete a devolverlo en una fecha posterior según los acordado entre ambas partes. En otras palabras, es el acuerdo entre un prestatario y un prestamista en el que el prestatario se compromete a pagar en una fecha posterior con intereses. El crédito es también la capacidad crediticia de una empresa o de un individuo para obtener un nuevo préstamo.

Puntaje Crediticio

Este es una expresión numérica (normalmente un número de tres dígitos entre 300 y 850) basada en un análisis de los archivos de crédito de una persona que utilizan las compañías de tarjetas de crédito y los bancos para determinar la solvencia de dicha persona. Las oficinas de crédito son la principal fuente de un informe de crédito que muestre el puntaje crediticio de una persona. Básicamente, los prestamistas utilizan las clasificaciones crediticias para determinar si uno es merecedor de un préstamo, la probabilidad de que uno pague ese préstamo, el tipo de interés y los límites de crédito. El riesgo que implica el préstamo de dinero se determina mediante un puntaje crediticio y si riesgo debe asumirse en absoluto.

Por ejemplo, si el historial de crédito del Sr. John que contiene sus deudas, tipos de cuentas, número de pagos atrasados, edad de las cuentas, etc., es realmente pobre o demasiado negativo, con un mal puntaje crediticio obviamente, tiene un 70% de probabilidades de que se le niegue una solicitud de préstamos. Mientras más alto o más positivo sea tu puntaje crediticio, más altas son tus posibilidades de conseguir que aprueben tu crédito y es menor el riesgo crediticio para los prestamistas.

Tipos de Puntajes Crediticios

- **Puntaje Crediticio Genérico:** Este es un tipo de puntaje crediticio usado por empresas y prestamistas para medir el riesgo crediticio general. Se puede acceder a él mediante los mismos métodos que usan los organismos de información crediticia.

- **Puntajes Crediticios Personalizados:** A diferencia de los puntajes crediticios genéricos, los puntajes personalizados son generalmente usados por prestamistas individuales. Para determinar este tipo de puntaje crediticio se requieren informes de crédito, historial de cuentas en la cartera de un prestamista, etc. Los puntajes crediticios personalizados pueden ser utilizados por un tipo de préstamo en particular, como el préstamo de automóviles o un tipo de negocio en particular.

Factores que Dan Forma a tus Puntajes Crediticios

La cantidad total de deudas que debes, las diferentes cuentas que posees/administras, el número de pagos realizados con retraso y la antigüedad de tus cuentas son factores que influyen en tu puntaje crediticio. Sin embargo, hay una cosa que debes tener en cuenta sobre los puntajes crediticios. No se limita a los bancos ni a los individuos solamente, sino a otras organizaciones como las compañías financieras digitales, las compañías de seguros, los departamentos gubernamentales, los propietarios y las compañías de telefonía móvil.

Cosas Clave con las que Deberías Familiarizarte Primero

1. **Mecanismo de Revisión de Préstamos (MRP)**: También conocido como Auditoría de Crédito, se refiere al acto de examinar la calidad de un crédito y también a la creación de medidas que pueden adoptarse para mejorar el crédito. El MRP evalúa los procedimientos para la deferencia de la sanción existente y la pos-sanción según lo establecido por el banco. Una auditoría de crédito tiene por objeto principalmente mejorar la calidad de la cartera de créditos, detectar problemas con prontitud y sugerir medidas correctivas, así como examinar el proceso de sanción de los grandes préstamos.

2. **Informe de Crédito:** Es un registro o documentación del historial de crédito de un individuo de bancos, agencias, gobierno y compañías de tarjetas de crédito. El informe es utilizado por los prestamistas para determinar si una persona debe recibir un préstamo.

3. **Historial de Crédito:** Tu historial de crédito simplemente se refiere a los registros de un prestatario de su pago de deudas, reembolso de préstamos y la rapidez con la que cumplió su ciclo de facturación a través del tiempo.

4. **Software de Reparación de Crédito:** Un software creado por las empresas para que sus consumidores

mejoren su puntaje crediticio por sí mismos, corrijan la información errónea y otros errores encontrados en sus informes de crédito. Es un software de autoayuda que permite a un individuo navegar por la calificación de los préstamos, el seguimiento, los modelos de puntaje crediticio, las negociaciones con los potenciales acreedores y la simulación del puntaje crediticio.

5. **Sistema de Reporte de Crédito:** Se refiere a la conexión de los sistemas que contienen información de los deudores junto con los marcos jurídicos, institucionales y tecnológicos que dan soporte a las bases de datos para que funcionen de manera eficiente. La información puede pertenecer a empresas o a individuos.

6. **Oficina de Crédito**: Una oficina de crédito es una agencia establecida para reunir información de diferentes acreedores sobre el desempeño de los préstamos de las personas. Esta información puede incluir préstamos anteriores que ya están pagados, préstamos recién adquiridos, cómo se están atendiendo estos préstamos, así como cualquier otro saldo pendiente. La información también incluye la dirección de contacto de los prestatarios. Las tres principales agencias de crédito son TransUnion, Experian y Equifax.

7. **La Ley de Información Crediticia Justa (LICJ)**: La LICJ describe una ley federal que regula el acceso a los informes de crédito de las personas, así como la recopilación de dicha información. La ley se aprobó

alrededor de 1970 para abordar cuestiones relativas a la privacidad, la equidad y la exactitud de la información personal que se mantiene en las agencias de informes de crédito.

8. **Compañía de Reparación de Crédito:** Una compañía, una agencia o una organización que se ofrece a mejorar los puntajes crediticios y manejar todos los trabajos relacionados con el trabajo de las agencias de informes crediticios a cambio de una tarifa.

9. **Consultor de Crédito/Consejero de Crédito:** Este es uno que ayuda a un individuo u organización a lograr la libertad financiera. Este grupo de personas trabaja mayormente en organizaciones sin fines de lucro que ayudan a la gente a pagar sus deudas, a administrar su dinero, así como a construir un presupuesto sólido.

10. **Vigilancia de la Cuenta:** También conocida como la revisión de crédito, la supervisión de cuentas implica el proceso de acceso al perfil crediticio de una empresa o un individuo. Esta evaluación la realiza un acreedor periódicamente.

¿Qué necesidad hay de reparar el crédito? ¿Es absolutamente necesario?

Naturalmente, necesitamos recursos, uno de los cuales es el dinero, para sobrevivir. El dinero determina y afecta casi todos los ámbitos de nuestra vida. Cuando tienes un mal crédito, te enfrentas a problemas diferentes y difíciles como los siguientes.

➢ **Rechazo de Préstamo:** Es lógico que ningún prestamista esté dispuesto a prestar a personas o empresas con mal crédito. Los prestamistas como los de automóviles e hipotecas están endureciendo las restricciones a los nuevos préstamos. Cuando peor sea tu puntaje de crédito, mayor será el pago inicial que deberás hacer, mayor será el interés que deberás pagar y mayores serán las posibilidades de que tu préstamo sea rechazado por completo.

➢ **Primas de Seguro:** Un mal crédito o un bajo puntaje crediticio es visto por los proveedores de seguro como un comportamiento de alto riesgo. Esto no funciona a tu favor. No se puede enfatizar demasiado la importancia de un buen crédito porque el lado comercial de la mitigación de riesgos es el seguro, que depende totalmente de tu puntaje crediticio. Tu historial financiero entra en juego cuando se trata de terminar tu nivel de riesgo por las compañías de seguros. Ningún prestamista quiere incurrir en una pérdida.

➢ **Oportunidades de Empleo:** Debido a la naturaleza competitiva del mercado de trabajo, los empleadores emplean verificaciones de crédito como medida para examinar las solicitudes de empleo. Hacen uso de los informes de crédito para determinar el nivel de responsabilidad de un potencial empleado. En pocas palabras, si tienes un historial de gasto despreocupado, es menos

probable que te empleen sin importar tus excelentes
calificaciones. Les parecerás irresponsable y

desorganizado, dos cosas que definitivamente no te conseguirán un trabajo.

➢ **Ahorros**: Cuando se tiene un buen puntaje crediticio, se tienen mayores posibilidades de iniciar un negocio propio, retirarse relativamente temprano, obtener una buena educación o estar listo para cualquier eventualidad/emergencia imprevista. Cuanto menos gastes, más ahorrarás, más posibilidades tendrás de obtener un préstamo en condiciones favorables y adquirirás menos deudas.

CAPÍTULO DOS

UTILIZAR TU PUNTAJE CREDITICIO: ¿BUENO O MALO?

La cantidad de crédito utilizado por un individuo o una empresa comparada con la cantidad de crédito prestada a cualquiera de las dos categorías es lo que se denomina utilización del crédito. La utilización de tu crédito es uno de los dos factores más importantes que influyen en tu puntaje crediticio, el primero es tu historial de pagos. Tendrás que mantener una buena utilización de crédito si quieres construir un buen puntaje crediticio. Si tienes una alta utilización de crédito, es probable que tu solicitud de préstamo no sea concedida. Si se te concede, es posible que tengas que pagar un interés más alto o incluso hacer un pago inicial más grande suponiendo que solías tener una buena utilización de crédito.

Tasa de Utilización del Crédito: Se refiere a la cantidad de crédito rotatorio que una persona está utilizando actualmente dividida por la cantidad total de crédito rotatorio que tiene disponible. Es decir, la cantidad que debes dividida por tu límite de crédito. Utilización del crédito = Tu deuda total/tu crédito total disponible. Para calcular tu puntaje de crédito, tu utilización de crédito es parte de las cosas que se tendrán en cuenta en los modelos de puntaje crediticio.

Una Baja Utilización de Crédito: Una buena utilización del crédito es aquella que es inferior al 30%, lo que significa que estás

Una Baja Utilización de Crédito: Una buena utilización del crédito es aquella que es inferior al 30%, lo que significa que estás haciendo uso de menos de ese 30% de tu crédito mensual. Tu saldo deberá mantenerse por debajo del 30% de tu límite de crédito, de lo contrario se arriesga a una caída en tu puntaje crediticio, lo que puede ser malo. La mejor utilización de crédito, sin embargo, es la de un 0%. Sabemos que esto es difícil de lograr debido a que, como humanos, naturalmente tenemos que gastar más para vivir cómodamente, pero entonces, hay que mantenerlo al nivel más bajo posible. Una tasa de utilización del 0% significa que no estás usando tu crédito disponible. Tener una buena utilización del crédito te da un puntaje crediticio más alto, lo que definitivamente aumenta tus posibilidades de asegurar más préstamos como tarjetas de crédito e hipotecas con términos favorables/cómodos.

Manejo de la Utilización de Crédito

1. Asegura tus alertas de saldo para que puedas ser notificado cuando utilices tu crédito más allá del límite que estableciste inicialmente. Esto es para frenar tus gastos y también para mantener tus saldos vigilados.

2. Aumenta el límite de tu tarjeta pidiendo al emisor de la misma o a la compañía de la tarjeta de crédito que aumente el límite de tu tarjeta cuando tengas un cambio favorable en tus ingresos. También puedes reducir tu límite de crédito si te cambias a un trabajo

con menos ingresos. Cuando se reduce

el saldo de la tarjeta de crédito, la utilización de tu crédito se reducirá a menos del 30% o 30% en total.

3. Rota tus tarjetas de crédito. Esfuérzate por repartir los gastos de la compra que haces cada mes entre varias tarjetas de crédito. Aunque no se garantiza que esto funcione siempre, porque algunos modelos de puntaje crediticio prefieren evaluar el uso total de tu tarjeta.

4. Intenta pagar tus tarjetas de crédito dos veces al mes para mantener tu utilización de crédito en control. Esto asegurará que tu tarjeta sea pagada antes de tiempo hasta un nivel inferior al 30%.

5. Presta atención a la fecha en que el emisor de tu tarjeta de crédito pasa la información a las agencias de crédito, prestando especial atención a la fecha en la que tú realizas los pagos de tus tarjetas. La utilización de tu crédito aumentará si los emisores de tu tarjeta reportan información sobre tu cuenta a las agencias de crédito unos días antes del ciclo de facturación.

Un Buen Puntaje Crediticio

Todos queremos un buen puntaje crediticio, así que hacemos esfuerzos para corregir ese puntaje. Pero cuando nuestros esfuerzos no dan resultados como se esperaba, nos desconcierta. La pregunta es, ¿sabes realmente lo que es un buen puntaje crediticio?

Un buen puntaje crediticio es el de 700 y más. Un puntaje de 800 créditos se considera excelente, lo que significa que tú haces un mejor crédito, lo que infunde confianza y cimienta la confianza en los prestamistas para que te presten dinero su dinero con la seguridad de que tú definitivamente pagará a tiempo según lo acordado. Como se mencionó anteriormente en el capítulo anterior, un puntaje crediticio es lo que los prestamistas consideran antes de dar préstamos a cualquier persona si tú eres merecedor del préstamo. Hay dos tipos principales de puntaje crediticio:

Fair Isaac Corporation Scores (FICO): Tu puntaje FICO va de 300 a 850. Basado en los modelos de puntaje FICO, un puntaje crediticio por encima de 670 se considera un puntaje crediticio excepcional.

Vantage Score: El puntaje de Vantage Score es por encima de 700 se considera un puntaje crediticio mientras que un puntaje de 750 por encima se considera un excelente puntaje crediticio. El modelo de Vantage Score fue desarrollado por las tres principales agencias de crédito: Experian, Equifax yTransUnion.

Beneficios de un Buen Puntaje Crediticio

❖ Préstamos y Tarjetas de Crédito: Tu puntaje crediticio es un factor enorme para determinar si eres merecedor de recibir un préstamo y con qué interés lo obtendrás. Un buen puntaje crediticio no solo aumenta las posibilidades de obtener las mejores tasas de interés, sino que también ofrece la posibilidad de pagar cargos financieros más bajos en los préstamos y tarjetas de crédito. Con un buen puntaje crediticio, pagas menos intereses, asegurando que tus deudas se paguen rápidamente y que puedas retener más dinero para ahorrar o utilizarlo para otras cosas importantes.

- ❖ Fuerte Poder de Negociación: Cuando tu crédito es alto o excelente, tú ganas el apalancamiento para negociar más por una tasa de interés más baja sobre un nuevo préstamo o una tarjeta de crédito. Te da una ventaja adicional de más poder de negociación, algo que definitivamente no puedes lograr con un puntaje crediticio bajo o malo.

- ❖ Depósitos de Seguridad de los Servicios Públicos Cancelados: Los depósitos de seguridad pueden oscilar entre 100 y 200 dólares, lo que puede ser un inconveniente durante la reubicación. Los depósitos de seguridad pueden ser una molestia cuando te reubicas o te mudas a una nueva casa debido a circunstancias fuera de control. Pero con un buen puntaje crediticio, no será necesario pagar los depósitos de seguridad cuando cambies la ubicación del servicio o crees un servicio público a tu nombre. Menos molestias, más ventajas.

- ❖ Excelentes Tarifas de Seguro de Auto: Según las compañías de seguros, las personas con un bajo puntaje crediticio son más propensas a presentar reclamos y son penalizadas con una prima de seguro más alta. Para decirlo claramente, te convertirás en un chivo expiatorio para las aseguradoras de autos con tu mal puntaje crediticio. Sin embargo, si tienes un buen puntaje crediticio, los cargos del seguro no serán tan altos.

❖ Límites Más Altos Aprobados: Otra ventaja de tener un buen puntaje crediticio es que aumenta las posibilidades de pedir prestado más dinero porque tu puntaje crediticio se ha ganado la confianza de los bancos y otras instituciones financieras. Tu capacidad de préstamo aumenta cuando tienes un alto puntaje crediticio. Los prestamistas tienen la seguridad de que pagarás a tiempo con las tasas de interés acordadas.

❖ Derecho a Presumir: Naturalmente, te sentirás bien contigo mismo gracias a tu buen puntaje crediticio. Podrás negocias con los prestamistas con total confianza sin la desesperación que podría ser usada en tu contra. Todo lo que tienes que hacer es planear cómo gastar, gastar menos y ahorrar más.

❖ Contratos de Telefonía Móvil: Un buen puntaje crediticio asegura que tú puedes hacer una compra de un teléfono firmando un contrato a un precio de descuento sin tener que pagar un depósito de seguridad. Si tienes un bajo puntaje crediticio, es posible que los proveedores de servicios no te den un contrato y te verás obligado a optar por uno de los planes de pago-por-uso con teléfonos más caros.

❖ Aprobación de Casas y Apartamentos en Alquiler:
Al igual que los bancos o los empleadores utilizan
los puntajes crediticios como medida de selección,
también lo hacen los propietarios a los posibles
inquilinos. Las posibilidades de conseguir un nuevo
apartamento son considerablemente menores si
tienes un mal puntaje crediticio que puede o no
tener algo que ver con un desalojo anterior o
cualquier otro problema. Con un puntaje crediticio,
no tienes ningún problema para obtener la
aprobación del alquiler de una casa o apartamento.
Genial, ¿cierto? Si.

Mantener un Buen Puntaje Crediticio

No es suficiente con que reconstruyas tu puntaje crediticio,
tienes que asegurarte de que tus esfuerzos no se vayan por
el desagüe manteniéndolo constantemente para que no
vuelva a bajar. Así es como se hace:

- Manteniendo tus viejas cuentas en orden para
  mantener un historial crediticio promedio.

- Continúa pagando tus cuentas justo a tiempo.

- Mantén bajos los saldos de las tarjetas de crédito, busca
  un nuevo crédito solo cuando sea absolutamente
  necesario.

- Usa diferentes tarjetas de crédito.

- Intenta solicitar una tarjeta de crédito asegurada si no

tienes una. Necesitarás hacer un depósito que eventualmente se convertirá tu límite de crédito.

Un Mal Puntaje Crediticio

Un mal puntaje crediticio es el que está por debajo de 670. Un puntaje crediticio entre 300 y 579 se considera muy pobre/pobre respectivamente, mientras que un puntaje crediticio entre 580 y 669 se considera justo. Estas estadísticas se basan en el rango de puntaje FICO. Para Vantage Score, un puntaje entre 601 y 660 se considera justo, un puntaje crediticio entre 500 y 600 se considera pobre, mientras que el de 300 a 499 es extremadamente pobre.

Cuanto más bajo sea tu puntaje crediticio, menores serán tus posibilidades de calificar para préstamos en buenos términos. El mal crédito hace que sea difícil, sino casi imposible, adquirir un préstamo asequible o cualquier otro préstamo.

Desventajas de Tener un Mal Crédito

1. **Tasa de Interés Alta, Posible Rechazo de Préstamos y Tarjetas de Crédito:** Un puntaje crediticio bajo muestra a los prestamistas que prestarte a ti implica mayores riesgos que alguien que tiene un puntaje crediticio alto. O bien tu préstamo es rechazado o los prestamistas te cobran una tasa de interés más alta. Un mal puntaje creditico te roba la oportunidad de obtener préstamos importantes como préstamos estudiantiles privados/federales, préstamos

de crédito, hipotecas, préstamos personales y otros similares. Y si tu préstamo es aprobado, pagarás más intereses de lo normal. Ciertamente no quieres ese tipo de carga.

2. **Depósitos de Seguridad Requeridos en los Servicios Públicos:** No importa que pagues tus facturas de servicios públicos a tiempo. Si tienes un mal puntaje crediticio, se te pedirá que pagues un depósito de seguridad para establecer el servicio a tu nombre cuando te reubiques en otro lugar. El depósito se cambiará primero antes de que el servicio se establezca a tu nombre.

3. **Dificultad para Conseguir un Empleo:** El mercado laboral es bastante feroz. Hay algunos trabajos, especialmente aquellos bajo la industria de las finanzas o la administración, que un buscador de empleo debe tener un buen puntaje crediticio o historial crediticio antes de que pueda ser considerado para un trabajo en absoluto. Lo que están buscando es cómo manejar tu crédito. Es una de las formas de determinar cuál es el rendimiento laboral de un depósito

4. **Dificultad para Conseguir que se Apruebe la Solicitud de un Apartamento:** Conseguir que se apruebe una solicitud de alquiler con mal crédito será difícil porque los propietarios no quieres dar sus habitaciones a personas con mal crédito. Si consigues que un propietario apruebe tu solicitud a pesar de tener una mala calificación crediticia, prepárate para pagar un depósito de seguridad más alto.

5. **Contrato de Telefonía Móvil:** No podrás obtener un contrato de telefonía móvil si tienes un puntaje crediticio bajo. Las empresas de telefonía móvil revisan tu historial crediticio

para determinar si eres merecedor de un contrato. O conseguirás un contrato oral con teléfonos más caros.

6. **Primas de Seguro Más Altas:** Las compañías de seguro siempre tendrán en cuenta tu historial crediticio para evaluar la posibilidad de presentar un reclamo. Un mal puntaje crediticio demuestra que es más probable que presentes reclamos y, por lo tanto, se te cobrarán primas de seguro más altas. Basta con decir que no hay absolutamente nada que ganar con un mal puntaje crediticio.

7. **Dificultad para Empezar tu Propio Negocio:** Tener un mal puntaje crediticio no es la manera de lograr la libertad financiera. Tu sueño de empezar tu propio negocio no puede ser alcanzado si tienes un mal puntaje crediticio. Independientemente de que tengas un plan de negocios sólido junto con datos de apoyo, puede que no se te conceda el préstamo o la cantidad específica que necesitas para financiar tu nuevo negocio.

8. **Incapacidad o Dificultad para Comprar un Auto:** El préstamo para tu auto no será aprobado si tienes mal puntaje crediticio. Los bancos se aseguran de revisar tu historial crediticio antes de considerar tu solicitud de préstamo y si es mala, tu solicitud será rechazada o aprobada con la condición de una tasa de interés más alta. Las tasas de interés con pago serán

más altas si compras el vehículo en un concesionario de automóviles "compre aquí, pague aquí".

Cómo Verificar tu Puntaje Crediticio

Es importante verificar tu puntaje crediticio con regularidad, especialmente cuando solicitas una hipoteca, una nueva tarjeta de crédito o un préstamo personal. Te muestra las tasas de interés que probablemente pagarás cuando solicites un nuevo préstamo. No solo tienes que verificar tu puntaje crediticio para determinar si reúnes los requisitos para un nuevo préstamo, sino que también tienes que verificarlo para estar al tanto de cualquier baja, errores o posibles fraudes de los que puedas correr el riesgo. Cuando te esfuerzas por verificar siempre tu puntaje crediticio, te das cuenta de los errores rápidamente y encuentras formas de resolverlos antes de que se conviertan en grandes problemas. Verificar tu puntaje crediticio es realmente algo fácil de hacer. Hay diferentes maneras de calcular tu puntaje crediticio dependiendo del modelo de puntaje. Los criterios utilizados por los modelos de puntaje son diferentes, pero todos se basan en algunas características comunes que encontrarás a continuación.

- **El Historial de Pagos:** Esto representa el 35% de tu puntaje crediticio FICO y es uno de los determinantes más importantes de tu puntaje crediticio. Los prestamistas inspeccionan tu historial de pagos para determinar si podrás devolver lo que quieres pedir prestado y a tiempo. Tu puntaje puede verse gravemente afectado si no haces un solo pago.

- **Crédito Mixto:** El crédito mixto constituye alrededor del 20% de tu puntaje crediticio FICO. Es usado por los prestamistas para evaluar lo bien que manejas te tus deudas pasadas. Aquellos con altos puntajes crediticios son conocidos por tener una cartera de diferentes cuentas de crédito. Estas cuentas son examinadas minuciosamente por modelos de puntaje crediticio.

- **Utilización de Crédito:** Constituye el 30% de tu puntaje FICO calculado dividiendo el crédito rotativo que utilizas actualmente por el total de tus límites de crédito rotativo. Esta proporción determina qué tanto dependes de los fondos no monetarios y cuánto crédito utilizas actualmente.

- **Información Negativa:** Esta información comprende los pagos atrasados o no efectuados, las cancelaciones, las ejecuciones hipotecarias, así como las cuentas de cobro que se indican en tu expediente/informe de crédito. La información negativa en tu expediente de crédito disminuye las posibilidades de ser aprobado para un nuevo préstamo y es una información que permanece en tu expediente durante mucho tiempo, hasta 6 años. No quieres este tipo de historial en tu crédito.

- **Nuevos Créditos:** Los nuevos créditos representan el 10% de tu puntaje FICO, lo que indica la frecuencia con la que abres nuevas cuentas.

- **Longitud del Historial Crediticio:** Esto se

refiere al tiempo que has tenido crédito. Representa el 15% de tu puntaje crediticio FICO.

Calcula tu puntaje crediticio entrando en el sitio del emisor de tu tarjeta de crédito o en cualquier otro servicio gratuito de puntaje crediticio. Dirígete a la sección de puntaje crediticio, verás un tablero que muestra tu puntaje crediticio y todos los demás elementos que lo afectan.

El Puntaje Crediticio que Debes Verificar

Según John Ulzheimer, un experto en crédito, tanto el FICO como el Vantage Score deben ser revisados para obtener los detalles completos y exactos de lo que los prestatarios verán. Típicamente, el puntaje crediticio de FICO y Vantage Score de cualquiera de las tres principales agencias de crédito mencionadas anteriormente.

Tipos de Cuentas que Afectan tu Puntaje Crediticio

Por lo general, tu expediente de crédito comprende información sobre préstamos rotatorios y a plazos, entre otras cosas. Ambas cuentas son también factores que influyen en tu puntaje crediticio, ya que son registros de tu historial de deudas y pagos. A continuación, encontrarás los dos tipos de cuentas.

- Crédito Rotativo: Es un tipo de cuenta que incluye préstamos sobre el capital de la vivienda y tarjetas de crédito. No tiene un plazo fijo, pero tiene una tendencia a fluctuar. Proporciona un límite de crédito en el que se realizan pagos basados en la cantidad de crédito que se utiliza.

- Crédito a Plazos: Las cuentas de crédito a plazos se asocian con hipotecas, préstamos estudiantiles y personales en los que la persona pide prestada una cantidad fija de crédito con el acuerdo de hacer un pago cada mes hasta que el préstamo esté completamente saldado.

Estos dos tipos de cuenta son cruciales para el cálculo de tu puntaje crediticio.

Factores que Afectan tus Puntajes Crediticios Negativamente

★ Solicitar Demasiados Préstamos en Poco Tiempo: Tener demasiadas solicitudes registradas en tu archivo de crédito en un corto período de tiempo se refleja mal en tu puntaje crediticio. Los prestamistas toman nota de cada consulta exhaustiva de tu historial de crédito en tu expediente. Si son demasiadas en poco tiempo, no te concederán un préstamo. Cada vez que solicitas un nuevo crédito, una consulta exhaustiva de tu historial de crédito se registra en tu expediente y el prestamista pide tu informe de crédito antes de tomar una decisión.

★ Falta de Pagos: Cuando pierdes un pago, aunque sea una sola vez, afecta mucho tu puntaje crediticio. Tu historial de pagos constituye un aspecto más grande de tu FICO. Es posible que quieras tomarte esto en serio y evitar perder cualquier pago en el futuro.

- ★ Cuentas por Defecto: La información negativa de las cuentas, como las cuentas saldadas, la quiebra, la ejecución hipotecaria, las cancelaciones y la reposesión de tu informe de crédito pueden afectar negativamente tu puntaje crediticio hasta 10 años.

- ★ Alta Utilización del Crédito: Normalmente, los prestamistas prefieren ver una utilización del crédito de entre 10% y el 39% antes de conceder los préstamos. Si utilizas demasiado crédito disponible, indirectamente le estás diciendo a acreedores que dependes demasiado del crédito y que careces la capacidad de administrarlo eficazmente.

Factores que no Afectan tus Puntajes Crediticios

Factores como tus ingresos, patrimonio neto, saldos en cuentas de jubilación y el patrimonio de tu casa no tienen ningún impacto en tu puntaje crediticio, al contrario de lo que se cree. Además, tus bienes, educación, historial de empleo, puesto de trabajo, nacionalidad, edad y afiliación política no se consideran para el cálculo de tu puntaje crediticio.

Impacto de tu Puntaje Crediticio en tus Tarjetas de Crédito

Un buen o excelente puntaje crediticio te da la oportunidad de calificar para más tarjetas de crédito (tarjeta de recompensas de viaje, reserva de zafiro de persecución, y similares) con intereses favorables. También puedes obtener la tarjeta asegurada

Discover It ® si tienes que reconstruir tu pobre crédito. La tarjeta te da acceso a una tarjeta de crédito cuando haces un depósito de seguridad.

Impacto de Tener una Cuenta Diferente en tu Puntaje Crediticio

Aunque el hecho de tener menos cuentas de crédito no afectará negativamente tu puntaje crediticio, el hecho de tener numerosas cuentas de crédito indica tu capacidad para manejar diferentes tipos de deudas al mismo tiempo, así como la capacidad de pagar dichas deudas. También es un factor que aumenta tu puntaje crediticio.

Impacto de las Cuentas de Servicio en tu Puntaje Crediticio

Salvo que no realices pagos y tu cuenta de servicio sea remitida a una agencia de cobros, las cuentas de servicio no tienen ningún impacto en tu puntaje crediticio. Las cuentas de servicio pueden incluir facturas de teléfono y servicios públicos que, por cierto, no se añaden automáticamente a tu informe de crédito.

Cómo Reconstruir tu Puntaje Crediticio

Reconstruir tu puntaje crediticio llevará una cantidad considerable de tiempo y mucho esfuerzo. Es bastante fácil de hacer siempre y cuando estés concentrado y seas capaz de

determinar la razón de su mal estado. Aquí están los pasos esenciales a seguir:

1. **Haz una Verificación:** Lo primero que tienes que hacer es conseguir una copia gratuita de tu puntaje crediticio e informe de crédito para que puedas ver lo que hay en tu expediente, así como los factores que están afectando tu puntaje crediticio. Además, es crucial verificar la información negativa, las inexactitudes que aparecen en tu informe de crédito, las cuentas dudosas que se abren a tu nombre. Los siguientes elementos son claves que debes verificar para tener un mayor puntaje crediticio.

   i. Tu historial de pagos, que siempre debe ser pagado a tiempo sin que falte ninguno de los pagos por cualquier motivo.

   ii. Tu tasa de utilización de crédito, que no debe superar el 30% si deseas tener un buen puntaje crediticio.

   iii. La duración de tu uso de crédito que constituye el 15% de tu puntaje crediticio.

   iv. La alternancia de cuentas de crédito que tienes que te da más posibilidades de obtener un buen puntaje crediticio.

   v. El número de consultas exhaustivas de tu historial de crédito archivadas en tu informe de crédito, las

solicitudes que has hecho, así como el número de
cuentas de crédito a tu nombre.

2. **Paga tus Facturas a Tiempo:** A estas alturas, ya sabes lo importante que es el historial de pagos para tu puntaje crediticio general. Es el mayor determinante de tu puntaje crediticio FICO, ocupando cerca del 35% del mismo. Trata de pagar todas las facturas a tiempo sin perder ningún pago. Puedes configurar una función de pago automático para las facturas recurrentes como hipotecas, pagos de automóvil, préstamos estudiantiles y similares, de modo que siempre estés a tiempo de pagarlas.

Solo tienes que asegurarte de tener suficiente dinero en tus cuentas bancarias para cubrir cada uno de tus pagos. Ni siquiera es necesario enviar un cheque o entrar en un portal de pagos. Con la función de pago automático, tus pagos son automáticos.

En caso de que tengas muchos pagos pendientes el mismo día, tendrás que contactar a tus acreedores para cambiar las fechas. Infórmales con antelación si vas a dejar de hacer el pago antes de que suceda. No querrás parecer irresponsable o ser acusado de incumplir el contrato. Es importante que mantengas una buena relación con tus acreedores.

3. **Paga las Deudas Pendientes:** Tu expediente de crédito no solo contiene información sobre tus pagos atrasados, entre otras cosas, sino que también sobre cuánto retraso tienen esos pagos, que oscila entre 30 -

60 - 90 días. Cuanto más tiempo de retraso en los pagos haya transcurrido, mayor será el impacto negativo en tu puntaje crediticio.

Deja de usar tus tarjetas de crédito y trata de pagar primero las deudas de tu tarjeta de crédito. Emplea el método de la Bola de Nieve de la Deuda para pagar deudas pequeñas. Además, prueba el método de Evaluación de Deudas que te permite gastar algo de dinero extra de la tarjeta de crédito de mayor interés. Esto te ayuda a ahorrar el dinero en intereses.

4. **Disputar Información**: Asegúrate de disputar toda información inexacta en tu informe de crédito porque, si bien pueden producirse errores, no detectarlo con la suficiente antelación para hacer las correcciones necesarias está destinado a perjudicar tu puntaje crediticio. Siempre revisa tus informes de crédito regularmente para asegurarte de que no hay información errónea en ellos. Esta es otra gran manera de reconstruir tu puntaje crediticio a un nivel alto.

5. **Evita Solicitar un Nuevo Préstamo:** Para reconstruir tu puntaje crediticio, tienes que evitar nuevas consultas exhaustivas de tu historial de crédito en las que los prestamistas revisan tu informe de crédito para determinar tu solvencia. Si sigues pidiendo prestado sin dar suficiente tiempo entre los préstamos, las consultas exhaustivas se seguirán sumando y eso definitivamente no va a ayudar a reconstruir tu puntaje crediticio. Los prestamistas solo te verán como un alto riesgo crediticio cuando intentes pedir prestado de

muchas fuentes, todo en un corto tiempo.

Las consultas no exhaustivas, por el otro lado, ocurren cuando un prestamista o emisor de crédito evalúa tu crédito para pre aprobarlo para un préstamo. También es cuando tú, como individuo, verificas tu puntaje crediticio. Sin embargo, debes tener en cuenta que, si solicitas con más de tres prestamistas en un corto período de tiempo al solicitar una hipoteca o un préstamo sencillo, no habrá ningún efecto importante en tu puntaje crediticio.

6. **Consigue Ayuda**: Puedes conseguir la ayuda de profesionales o agencias si todavía no puedes hacerlo tú mismo. También puedes conseguir ayuda convirtiéndote en usuario autorizado de la cuenta de otra persona, conseguir un consignatario con bue crédito o abrir una cuenta de tarjeta de crédito asegurada en la que deposites alguna cantidad de dinero y se te permitirá pedir prestado hasta una cantidad específica de dinero en efectivo.

CAPÍTULO TRES

MANEJO DE TUS DEUDAS Y CRÉDITO

El crédito es en realidad el dinero disponible para ser prestado. Es la capacidad de un individuo de asumir deudas que sirven como una especie de fondos de respaldo para proporcionarte los medios para obtener lo que necesitas. El crédito se utiliza para realizar compras de bienes y servicios con dinero prestado. Una compañía de tarjetas de crédito o un banco crea una cuenta de crédito para ti con una cantidad máxima de dinero que puedes pedir prestado., convirtiéndolo en tu límite de crédito. Las fuentes de crédito más comunes son los préstamos personales, los préstamos estudiantiles, los préstamos de automóviles, las hipotecas y las tarjetas de crédito. Si tu crédito disponible es mayor que tu nivel actual de deudas, los prestamistas te verán como solvente cuando quieras pedir prestado. La tarjeta de crédito es una tarjeta útil para las transacciones básicas en las que se firman las compras con la excepción del pago de la gasolina y se pagan intereses por las compras realizadas en 30 días.

La deuda, en cambio, se refiere al dinero que se pide prestado para ser devuelto posteriormente con un interés específico. También se puede decir que es el resultado de pedir dinero prestado a los prestamistas. La deuda se produce cuando uso del crédito disponible. Es el dinero real que debes, del cual se supone que debes devolver a tus acreedores. En pocas palabras, el crédito es cuánto puedes pedir prestado, mientras que la deuda es la cantidad exacta de dinero que debes a tus acreedores. Una tarjeta de débito es una tarjeta que te permite realizar el pago de las compras realizadas enviando el pago directamente de tu cuenta bancaria a tus acreedores.

Deudas

Millones de personas están hasta el cuello de deudas de préstamos de negocios, hipotecas, préstamos personales, etc. Es bastante difícil mantenerse alejado de las deudas o pagarlas sino hay una gestión adecuada de la deuda. La mayoría de las personas se dan cuenta de que las deudas se siguen acumulando, no gracias a los tipos de interés. Se endeudan porque o bien gastan más de lo que ganan o bien carecen de la disciplina necesaria de inculcar iel hábito de pagar la deuda. Te conviene buscar asesoramiento profesional sobre cómo manejar tus deudas, especialmente si te resulta muy difícil devolverlas. Considera la posibilidad de hablar con tus acreedores también sin demora para que puedas averiguar la mejor manera de pagar estos préstamos.

¿Por Qué la Gente Adquiere Deudas?

1. Mala Administración del Dinero: Esto es algo obvio, y probablemente sea la mayor razón por la que las personas se endeudan. Obviamente habla por sí mismo. Cuando no tienes un presupuesto adecuado o careces de la disciplina para hacer un seguimiento de tus gastos diarios y mensuales, seguramente te endeudarás más rápido de lo que crees, especialmente si ganas menos de lo que gastas. La falta de presupuesto invoca la deuda. No podrás frenar los gastos innecesarios y tendrás que pedir un préstamo para mantenerte al día con esos gastos.

2. Ingresos: A veces en la vida, nos encontramos con cambios inesperados como un trabajo o crisis de

ingresos. Puede haber un problema en el lugar de trabajo cuando se reduce el salario de los trabajadores o se despide a los empleados. El cambio repentino de los ingresos o la pérdida de los medios de vida de una persona es otro factor enorme que influye en que las personas se conviertan en deudoras. Cuando las personas se encuentran con un ingreso menor por cualquier razón, no manejan la situación como corresponde.

La mayoría de las personas no pueden lidiar con el cambio, ciertamente el que está ligado negativamente a su ocupación. El no ajustar tus gastos de acuerdo con tus bajos ingresos, dejando que tus gastos excedan dichos ingresos, te empuja a tomar préstamos tras préstamos que definitivamente no podrás pagar. No en un tiempo récord por lo menos. La clave aquí es un presupuesto adecuado.

3. Apuestas: Aquí hay otra razón por la que las personas se endeudan. Debido a su naturaleza entretenida y adictiva, los que apuestan están atrapados en eso sin poder hacer nada. Parece que los apostadores no pueden dejar el mal hábito. A veces, todo lo que se necesita es un solo intento y se enganchan para siempre, apostando toda su vida solo para luego aparecer en las calles sin hogar. Cuando las deudas se acumulan sin salida, con una presión insoportable de los acreedores/prestamista, la mayoría de los apostadores se ven abocados al crimen.

   Los prestamistas juegan con la adicción de las personas, ofreciendo siempre más préstamos, incluso cuando las deudas anteriores no han sido pagadas, hasta que el apostador se mete tan profundamente que todo lo que posee se transfiere a su acreedor. Las apuestas, sin embargo, son un juego y un negocio, uno peligroso, aunque entretenido y lucrativo.

4. Carencia de Ahorros: No ahorrar para "el día lluvioso" es otra razón por la que las personas se endeudan. Cuando no tienes nada ahorrado para tus gastos futuros, esperados o inesperados, rclacionados con graves problemas de salud, desempleo, muerte de algún miembro de la familia, etc., no se tiene más remedio que buscar prestamistas. No tener nada ahorrado no puede traerte nada bueno, excepto una carga como la deuda.

5. Gastos Médicos: Es el siglo XXI donde los médicos y hospitales cobran mucho más que los tratamientos médicos. Sin embargo, no se les puede culpar. Esos tratamientos son costosos de hacer y el mundo está avanzando más. Aunque no se puede culpar a los hospitales del alto costo de los tratamientos, especialmente de los casos graves de salud, su creciente impaciencia con las personas que no pueden pagar sus cuentas médicas a tiempo es terrible. Es otra razón por la que las personas se ven inundadas en el profundo océano de las deudas. Pedir un préstamo o sacar los gastos médicos de las tarjetas de crédito se hace mucho más fácil cuando no se tiene el dinero para pagar las deudas.

6. Divorcio: Las leyes americanas regulan lo que se debe hacer con el dinero de una pareja durante un acuerdo de divorcio que, por cierto, es otra forma en que una persona puede adquirir tantas deudas. Si una parte exige demasiado durante el proceso de divorcio, la otra parte

no tiene más remedio que hacer lo que sea para cumplir con las exigencias de su pareja, de lo contrario se enfrenta a una pena de cárcel o una multa judicial. Sin mencionar el pago de abogados para que representen su caso. El divorcio es visto por algunos como una mina de oro.

Tipos de Deudas

- Deuda Protegida: Se define por la necesidad de una garantía. Proporciona seguridad al prestamista de que el prestatario pagará, de lo contrario se arriesga a perder la garantía puesta en juego. La garantía puede ser una casa, un auto o cualquier otra propiedad de valor.

- Deuda No Asegurada: En este caso, la garantía del acreedor se basa en una tasa de interés alta que el deudor tiene que pagar a lo largo de la cantidad del préstamo inicial. No hay garantía como la tarjeta de crédito ni los préstamos personales.

- Deuda de Pago Fijo: Un ejemplo de esto es la hipoteca que tiene la misma tasa de interés para el plazo completo del préstamo. Las hipotecas son préstamos para comprar casas con el crédito "sujeto a bienes raíces" sirviendo como garantía del préstamo.

- Deuda de Tasa de Interés Variable: El tipo de interés en esta circunstancia puede variar sobre la existencia del préstamo al igual que las tarjetas de crédito.

- Plazo de Pago Fijo: Aquí, el préstamo se establece para ser pagado en una fecha ya fijada como los préstamos estudiantiles o las hipotecas.

- Período de Reembolso Variable: Este tipo de deuda no tiene una fecha fija en la que la deuda deba ser pagada como una tarjeta de crédito.

- Deducible: Este tipo de préstamo se utiliza para mejorar las condiciones personales y por efecto tienen beneficios fiscales al igual que en las hipotecas o préstamos estudiantiles.

- No Deducible: Este es un préstamo que no se utiliza para comprar ningún activo como en una tarjeta de crédito o un préstamo estudiantil.

Señales de que tus Deudas se Están Saliendo de Control

Hay ciertas señales obvias a las que hay que estar atento para saber si la tasa de endeudamiento no es saludable y está fuera de control. Algunos de los cuales se destacan a continuación:

- Apenas estás cumpliendo con los pagos mínimos de tu deuda.

- Tu deuda sigue creciendo cada mes.

- Ya no tienes ahorros.

- Tu puntaje crediticio ya no está equilibrado.
- Tus acreedores te acosan por los pagos.

- Vives de sueldo en sueldo y te cuesta hacer un pago mínimo mensual.

- Pides dinero prestado para seguir pagando las facturas.

- No puedes llevar la cuenta de a quién le debes y cuánto debes.

- Empiezas a faltar a los pagos.

- Te quedas con la necesidad de elegir entre las necesidades básicas o el pago de la deuda.
- Sacas de tus ahorros para pagar tus gastos diarios.

¿Qué es el Manejo de la Deuda?

El manejo de la deuda se refiere al acto de adoptar diferentes medidas y técnicas eficaces encaminadas a saldar las deudas sin demasiada demora. Es la disciplina restringida para vivir el día a día con un presupuesto específico sin importar lo que causó que las deudas se acumularan inicialmente. Cualquier medida que tomes o la organización de servicio de manejo de la deuda tomes para reducir y eventualmente pagar tus deudas es lo que se conoce como manejo de la deuda. Podrás reducir las posibilidades de hundirte en deudas y más deudas si tomas medidas prudentes que seguramente te llevarán por el camino de la estabilidad financiera.

Servicios de Manejo de la Deuda

Existen diversas organizaciones (la mayoría de las cuales trabajan como asesores independientes) que prestan servicios de manejo de la deuda a los deudores. El servicio está orientado a capacitar a los deudores en el manejo de las finanzas para ayudarles a pagar sus deudas en un corto período de tiempo, y dependiendo del tipo de deuda, así como los ingresos del deudor.

Programas del Manejo de la Deuda, Cómo Funciona y Cosas a Tener en Cuenta

Los programas de manejo de deudas son programas diseñados por las empresas de manejo de deudas para trabajar con los acreedores en tu nombre con el objetivo de reducir tus deudas a través de pagos mensuales, incluyendo los intereses, así como reducir las multas por pagos atrasados. Al inscribirse en el plan de pago de la deuda, podrás hacer depósitos mensuales a los acreedores a través de una organización de asesoramiento crediticio utilizando un programa de pagos según lo establecido por los acreedores y los asesores.

Pros de los Programas de Manejo de Deudas

• Ayuda a una persona a mantenerse más organizada y puntual con los pagos.

• Cuando el pago se hace regularmente y de acuerdo con un plan, se refleja positivamente en los informes de crédito y aumenta el puntaje crediticio con el tiempo.

• Crea un presupuesto mensual que es realista y tiene un objetivo financiero estable.

• Ofrece la consolidación de la tarjeta de crédito sin un préstamo.

• Los acreedores y cobradores de préstamos dejarán de llamar. Por muy atractivos que parezcan estos tratos en la superficie, hay cierta información que debe ser conocida y notada. Cuando se considera un plan de manejo de deudas, hay que tener en cuenta lo siguiente.

- Toma una Decisión: Antes de inscribirte en el programa, elige una agencia de asesoramiento crediticio para facilitar el proceso. Algunas de las organizaciones ofrecen asesoramiento sin fines de lucro, mientras que otras cobran honorarios. Ayudan en el manejo de la deuda y en la elaboración de un presupuesto muy práctico. Una vez que encuentres un consejero de crédito, él o ella debe revisar tus finanzas y ayudar en la creación de un presupuesto adecuado. Hay algunos puntos que debes tener en cuenta al inscribirte en un programa de manejo de deudas.
- La organización restringe a los consumidores el uso o la solicitud de créditos adicionales mientras estén inscritos en el plan.
- Se tardará hasta 36-60 meses en pagar la deuda mediante un plan de manejo de deudas.
- Tú puedes calificar para una tasa de interés más baja en las deudas y un pago mensual más bajo.
- Si los planes del manejo de la deuda se atrasan, los consumidores pueden perder el progreso en la disminución de la deuda y la reducción de las tasas de interés.
- Después de decidir si el manejo de la deuda es bueno

para ti, la inscripción será realizada por un asesor de crédito que trabajará con los acreedores para negociar la tasa de interés y elaborar un programa de pagos que será revisado y aprobado por ti.

Una vez que se paguen los gastos básicos de la vida, incluyendo el alquiler, la hipoteca, los préstamos garantizados y los otros gastos, el dinero restante se dividirá entre los acreedores. Se hará un depósito mensual a tu organización de asesoría crediticia que distribuirá el dinero al acreedor de acuerdo con el pago ya acordado.

Cosas Clave a Tener en Cuenta Cuando te Inscribas en el Programa de Manejo de Deudas

- Tomar notas de las deudas y facturas a pagar por el plan de manejo de deudas y las que debes pagar tú mismo.

- Pagar a una agencia de asesoramiento a tiempo cada mes.

- Revisar los estados de cuenta mensuales para asegurar que la agencia de asesoramiento pague tu cuenta a tiempo y de acuerdo con el calendario.

- Habrá una entrevista que cubrirá todas las áreas de tus ingresos, gastos, alquiler, servicios públicos, facturas médicas, facturas de tarjetas de crédito y otras obligaciones financieras.

- Cuando la entrevista esté en sesión, tu información crediticia será verificada.

- El consejero hará sugerencias sobre ciertas áreas en las que se deben reducir los gastos, así como en las que se deben aumentar los ingresos.

- Habrá una evaluación del estado de tu flujo de caja y si sigue siendo negativo se sugerirá una solución de programa de manejo de deudas.

- Si hay un acuerdo para inscribirse en el programa, se elaborará una propuesta de presupuesto y se enviará a los acreedores para su aprobación.

- Tienes que acordar con el acreedor los términos finales que implican el pago y el tiempo que transcurrirá para que la deuda sea saldada.

- Se pedirá la información de la cuenta bancaria para que el pago mensual venga automáticamente de tu cuenta a la agencia del asesor que paga a los acreedores en base a los acuerdos ya hechos.

- El acuerdo se envía por correo. Una vez firmado y devuelto, el programa comienza.

- Recibirás un estado de cuenta mensual de la agencia de asesoría crediticia y del acreedor.

¿Cómo Manejar tus Deudas?

1. Mantén los Registros: El primer paso para manejar tu deuda es hacer una lista completa de cada una de

tus deudas, así

como la información de contacto de tus acreedores. Se debe registrar la información bajo la fecha en que pediste el prestado el dinero, las tasas de interés, los pagos mensuales y las fechas de vencimiento de los pagos. Esto ayudará a mantenerte bajo control, haciéndote consciente de tus deudas, así como estimularte a tomar acciones significativas que te ayudarán a manejar tus deudas. Asegúrate de actualizar la lista cada vez que tu deuda aumente o disminuya.

2. Paga Siempre a Tiempo: Tu deuda seguirá acumulándose si te niegas a hacer los pagos a tiempo. Si te gusta hacer pagos atrasados, se te hará difícil pagar tus deudas totalmente, sin mencionar el hecho de que también tendrás que pagar una multa si no haces un pago. Puedes programar un recordatorio en tu teléfono para que te avise cuando sea el momento de pagar tu deuda mensual. Además, no esperes otro mes para hacer un pago si no lo haces antes. Solo paga inmediatamente que lo recuerdes. No quieres que te denuncien a la oficina de crédito ya que tal acción se reflejará mal en tu informe o puntaje crediticio.

3. Establece Bien tus Prioridades: Lo ideal es que primero pagues la deuda de tu tarjeta de crédito, ya que suelen tener tasas de interés más altas que tus otras deudas. Las tarjetas de crédito con altas tasas de interés obviamente te costarán más dinero. Haz una lista de tus

deudas según su importancia para saber cuál pagar primero. Aunque, puedes pagar primero la deuda que tenga saldo más bajo.

4. Pon un Presupuesto para tus Gastos: Elabora un presupuesto que cubra todos tus gastos mensuales para que no gastes más de lo que debes y puedas mantenerte también al día con el pago mensual de tus deudas. Un presupuesto te mantendrá en guardia y te asegurará que tienes algunos ahorros para ser utilizados para algunas eventualidades imprevistas. Honestamente, incluso sin deudas que pagar, las personas deberían planear sus gastos mensuales. Es una técnica efectiva para evitar que te conviertas en un deudor.

5. Pago Mínimo: Intenta hacer el pago mínimo que puedas permitirte, aunque no tengas el pago mensual exacto que se supone que debes hacer. Aunque no será significativo para reducir tus deudas, definitivamente evitará que se acumulen. Puede parecer una pérdida de tiempo, pero es mejor que no pagar nada y por lo tanto no hacer los pagos. Esto no mantendrá tu cuenta en buen estado.

6. Paga los Cargos: Esfuérzate por pagar tus cuentas atrasadas siempre que puedas para que puedas mantener tu cuenta en buen estado. Si tus fondos son limitados, enfócate en tus cuentas positivas en lugar de las ya afectadas por tus deudas.

7. Crea Fondos para Emergencias: si no tienes ahorros, intenta, al menos, mantener algunos fondos de emergencia a los que puedas recurrir para cubrir los

gastos que surjan repentinamente, gastos que no esperes. Siempre puedes empezar con una cantidad baja y luego aumentarla con el tiempo.

8. Saber Cuándo Necesitas Ayuda: Cuando te resulte difícil manejar tus deudas, pagarlas o si tienes un hábito de gasto imprudente, debes saber que necesitas ayuda urgentemente antes de que tu dcuda tc lleve a la miseria. Busca agencias de manejo de deudas, agencia de asesoramiento crediticio o un grupo de ayuda para deudas conocido como Deudores Anónimos. Otras formas de liberarse de las deudas son la liquidación de las deudas, la consolidación de las deudas y la quiebra, de las que se hablará en los próximos capítulos.

Tipos de Crédito

- Crédito Abierto: Este tipo de crédito asociado a las tarjetas de crédito es muy raro. Es la cuenta de la que un individuo puede pedir prestado al igual que una tarjeta de crédito, hasta una cantidad máxima que puede ser devuelta en su totalidad cada mes.

- Crédito Rotatorio: El crédito rotatorio se refiere a una línea de crédito asociada a líneas de crédito sobre el valor líquido de la vivienda y a tarjetas de crédito, de las que una persona puede pedir prestado, pero con un límite de crédito de la cantidad que puede pedir prestada en un momento dado. Se aplican tasas de interés y se requieren pagos mensuales.

- Crédito a Plazos: Se trata más bien de un préstamo de una cantidad específica que suele tener una fecha de reembolso fijo y regular. El crédito a plazos es muy común y puede incluir préstamos como préstamos personales, hipotecas, préstamos de automóviles, préstamos estudiantiles y otros similares.

¿Cómo Manejas tu Crédito?

Además de la supervisión de tu informe y puntaje crediticio, las siguientes son formas de administrar tu crédito de manera efectiva.

1. Elige las Tarjetas de Crédito Apropiadas: No tengas prisa ni seas avaricioso en la elección de las tarjetas de crédito, no todas las ofertas deben ser aceptadas. Deberías optar por tarjetas de crédito con tasas de interés bajas, que tengan la posibilidad de devolución de efectivo o recompensas, así como tarjetas sin cuotas mensuales. Lo mejor para ti es evitar las tarjetas de crédito de las tiendas. Debes considerar las ventajas y desventajas, la cuota anual de las recompensas de la tarjeta de crédito contra tus ganancias anuales para la devolución del dinero. Tomate tu tiempo para escoger las tarjetas de crédito que mejor se adapten a tus circunstancias y también ten en cuenta que, aunque tener varias tarjetas de crédito puede ser útil, no es ideal tener demasiadas.

2. **Construye tu Historial Crediticio:** Intenta construir tu historial crediticio con tus tarjetas de crédito pagando tu saldo

a tiempo y en su totalidad cada mes. Sin embargo, si quieres reparar tu historial crediticio, procura cuadrar todos tus pagos para que todas tus tarjetas estén al día. En caso de que tengas diferentes tarjetas que estén repartidas, intenta pagar tus tarjetas de crédito tan pronto como sea posible sin cerrarlas, para que no se vuelva en contra de tu puntaje crediticio.

3. Pide una Reducción de los Tipos de Interés: El manejo de tu crédito también incluye pedir al emisor de tu tarjeta de crédito que reduzca las tasas de interés de tus tarjetas. Tu solicitud no será rechazada si eres del tipo que siempre hace los pagos a tiempo. También puedes hacer una transferencia de tu dinero a una nueva tarjeta de crédito sin que te cobren intereses. Pero primero tienes que asegurarte de calcular el cargo por transferencia para asegurarte de que no exceda los intereses que se hubieran cobrado. Además, asegúrate de dejar de usar tus tras tarjetas de crédito cuando te transfieras a la que no tiene tasas de interés para no adquirir más deudas de las que ya debes.

4. Abstinencia: Aunque las tarjetas de crédito son muy útiles, también tienen la capacidad de lastimarte si no aprendes a usarlas apropiadamente. Evita usar tus tarjetas de crédito si no puedes pagar el saldo total de cada mes. No querrás encontrarte endeudado hasta que no tengas forma de salir.

CAPÍTULO CUATRO

ENTENDIMIETO DE LA QUIEBRA, EL JUICIO Y EL EMBARGO

La Quiebra

La quiebra es un procedimiento legal que involucra a una persona o una empresa que no puede pagar las deudas pendientes que deben. Solo una organización o individuo que no puede honrar completamente su obligación financiera o hacer el pago de su acreedor se declara en bancarrota. Esto quiere decir que la declaración de la quiebra es una medida legal adoptada por una empresa o persona para liberarse de obligaciones de deuda, en la que toda deuda pendiente de la empresa se evalúa y se paga con los activos de la empresa. El proceso de quiebra suele comenzar con una petición presentada por el deudor o en nombre de los acreedores que da lugar a que el tribunal emita una orden de cancelación de la deuda en la mayoría de los casos. En los procedimientos legales, la quiebra se lleva a cabo para liberar a los individuos y a las empresas de las deudas en las que ya han incurrido y, al mismo tiempo, dar a los acreedores la oportunidad de conseguir el pago de sus deudas. Puede decirse que permite un nuevo comienzo al perdonar las deudas que no pueden pagarse y al mismo tiempo ofrece a los acreedores una oportunidad sustantiva de obtener métodos de reembolso basados en

los activos de una persona o empresa que pueda ser
liquidada.

En teoría, esto puede significar que la capacidad de declararse en quiebra puede beneficiar a toda una economía al dar a las empresas y a los individuos una segunda oportunidad de tener el máximo acceso al crédito al consumidor y al proporcionar a los acreedores una medida fiable de reembolso de la deuda.

Una vez que se haya completado con éxito un procedimiento de quiebra, el deudor quedará liberado de su obligación de la deuda contraída antes de presentar la quiebra. Sin embargo, en su historial crediticio figurará que esa persona ha contraído deudas antes de declararse en bancarrota. Esta información permanecerá en el registro durante unos siete o diez años, dependiendo del tipo de bancarrota que se presente.

Los casos de bancarrota suelen ser tratados por los tribunales federales. Sin embargo, cabe señalar que las decisiones que se toman en los casos de quiebra que son federales suelen ser adoptadas por un juez de quiebras, incluidas las decisiones sobre si un deudor es legible para presentar o si debe ser liberado de sus deudas. La administración de los casos de quiebra está a cargo, en la mayoría de los casos, de un síndico que será nombrado en los Estados Unidos por el Programa de Síndicos de los Estados Unidos del Departamento de Justicia para que represente el patrimonio del deudor durante el procedimiento. No hay contacto entre el juez y el deudor, salvo que exista alguna forma de objeción en el caso por parte del acreedor.

El Juicio

Presentar una solicitud de bancarrota liquidará automáticamente de mayoría de las deudas, incluyendo la sentencia de la demanda. Si la quiebra es para liquidar una demanda, tendrá que depender de si el acreedor del juicio ya ha puesto un gravamen sobre la propiedad en cuestión o, más particularmente, del tipo de lesión o deuda para la que se pretende el juicio. Casi todos los juicios contra los deudores de bancarrota tienen que ver con deudas que no se han pagado. Si un prestamista puede eventualmente obtener un fallo, la responsabilidad de la cual hará que sus salarios bajen o vayan directamente a su activo personal para satisfacer el fallo que queda pendiente por las deudas.

Sin embargo, la buena noticia es que al declararse en bancarrota se puede eliminar automáticamente la obligación de pagar todas las deudas canceladas. Incluso si la demanda no es concluyente y aun no se ha resuelto en el tribunal, el hecho de declararse en quiebra le impedirá automáticamente seguir adelante. En la mayoría de los casos, si se ha establecido que la demanda ya se ha resuelto y ha dado lugar a una sentencia en su contra, su rehabilitación sigue siendo válida en cuanto a sus responsabilidades en la mayoría de los casos. Sin embargo, cuando una sentencia se refiere a una deuda que no puede ser cancelada, la bancarrota no podrá deshacerte de ella.

Algunos tipos específicos de deuda no pueden ser cancelados no pueden ser cancelados durante la bancarrota debido a lo siguiente: algunos ciertos impuestos, préstamos estudiantiles, deudas adquiridas por fraude, coacción, falsas pretensiones o tergiversación, sanciones penales o restitución de otros.

Es importante señalar que una rehabilitación de la quiebra eliminará la responsabilidad personal de todas las deudas rehabilitadas, pero no puede eliminar automáticamente los embargos que se han colocado en las propiedades antes de proceder a la presentación de ese caso en particular. No todos los embargos judiciales pueden ser eliminados a través de la quiebra y para llegar a esta conclusión depende únicamente del valor de la propiedad en cuestión, del importe específico del embargo y de otros embargos de valor sobre la propiedad.

El Embargo

Un embargo es un acuerdo que da al acreedor un interés de propiedad sobre un bien mueble o inmueble. Los prestamistas de dinero, como forma de minimizar el riesgo, consiguen que los prestatarios lleguen a un acuerdo en el que si la deuda no se paga como se prometió anteriormente, el acreedor tendrá derecho a quitar libremente cualquier propiedad como ya se ha acordado, venderla en una subasta y utilizar el dinero obtenido en ella para pagar el saldo pendiente del préstamo. En los casos en que el precio de la subasta sea inferior a lo que se debe, el prestatario seguirá siendo responsable de las facturas pendientes, lo que se conoce como saldo deudor. Cabe señalar que algunos gravámenes pueden crearse por ministerio de la ley. Un gravamen de deuda no garantizada entrará en formación después de que el acreedor haya demandado al prestatario en el tribunal.

Los embargos del capítulo 7 de la ley de bancarrota probablemente eliminen las responsabilidades de pago de una deuda garantizada, incluso el saldo de la deuda. Las garantías no se pueden mantener a menos que se pague lo que se debe. Una operación garantizada tiene dos partes básicas: una responsabilidad que implica la obligación de pagar a los acreedores y un derecho que da a un acreedor la autoridad de utilizar el embargo para recuperar la garantía.

Se exige a los prestamistas que perfeccionen los embargos, ya que un acuerdo de garantía no calificará como deuda garantizada a condición de que el acreedor perfecciones los embargos registrándolos en una oficina de registro apropiada. Presentar una bancarrota bajo el capítulo 7 es mucho mejor que dejar que la propiedad incluida pase a través de un embargo, porque elimina las obligaciones de pagar todo el préstamo, incluyendo un saldo deficiente como ya se ha dicho.

Gravamen de Juicio

Se trata de un fallo judicial que otorga a un acreedor un

derecho absoluto a la posesión de los bienes muebles o inmuebles de un deudor si este no cumple sus obligaciones contractuales ya acordadas. Este gravamen puede hacer contra una persona o una empresa. Le da a los acreedores suficiente acceso a los bienes como la propiedad del deudor, negocios o bienes raíces para satisfacer la sentencia. Cuando un demandante obtiene la sentencia monetaria, dicho demandante será conocido como acreedor de la sentencia y el demandado, como deudor de la misma. Sin embargo, los embargos no son consensuales porque se aplican a las propiedades sin el consentimiento o acuerdo del propietario.

Las formas de evitar un gravamen incluyen el pago de la deuda; cuando se paga una deuda, un acreedor tendrá que eliminar su gravamen presentando una liberación a través del mismo lugar en el que se ha registrado el gravamen.

Tipos de Bancarrota

Básicamente, hay dos tipos de bancarrota. Ellos son:

1. Liquidación de la Deuda: Esto es simplemente la cancelación de la deuda, gracias a la bancarrota. Basado en el Código de Rentas Internas, un deudor debe añadir a sus ingresos brutos, la liquidación de deuda después de la cual un tribunal debe liquidar su deuda al cumplir todas las condiciones. Sin embargo, si un deudor se niega a recibir asesoramiento financiero, comete un delito, no explica plenamente la pérdida de sus bienes, proporciona información falsa durante las

actuaciones judiciales o básicamente desobedece las órdenes

del tribunal, un juez puede negarse legítimamente a saldar la deuda de esa persona.

Debes tener en cuenta que no todo el mundo puede tener saldada su deuda y que la liquidación de una deuda solo puede ocurrir si un deudor está calificado a través del capítulo 7 o el capítulo 11 de la ley de bancarrota. El resultado de una decisión de bancarrota es la liquidación de la deuda. Un deudor puede ser perdonado si esa deuda es cancelada o liquidada. Después de la liquidación de la deuda en un tribunal, el prestamista pierde todos los derechos para cobrar la deuda y el deudor no está obligado a pagar más.

La institución proporciona un formulario 1099-C que indica el monto de la deuda que se ha perdonado. Este formulario debe ser reportado por el deudor como un ingreso diverso del cual debe pagar un impuesto sobre la renta. Sin embargo, no todas las deudas pueden ser canceladas en la bancarrota. Tales deudas incluyen sentencias por daños personales, préstamos estudiantiles, cuotas de la asociación de propietarios, manutención de niños, pensión alimenticia y obligaciones fiscales. Los deudores que no están calificados para la condonación de deudas son los que tienen salarios mensuales altos y los que tienen un gran número de deudas de consumo.

2. El Plan de Pagos: Este es un tipo de quiebra presentada bajo el capítulo 13, donde un deudor y su abogado presentan al tribunal, una especie de plan de pago de cómo el deudor

planea realizar sus pagos en 3 a 5 años. Este plan depende de los ingresos del deudor, la comida, los servicios públicos, los impuestos y los gastos de salud. Si el tribunal aprueba el plan, el deudor procede a hacer los pagos requeridos según lo estipulado en el plan. Si dicho deudor es consistente con los pagos, las deudas restantes al final del período de tres a cinco años serán saldadas. Los pagos se hacen a un fideicomiso del tribunal de quiebras que luego procede a pagar a los acreedores y también recibe una comisión.

En lo que respecta a los negocios, los dos tipos de quiebra son:

- Reorganización de la Quiebra: Se trata de un tipo de quiebra presentada en virtud del capítulo 11 que tiene por objeto ayudar a los propietarios de las empresas que tienen problemas más graves con su negocio pero que aún tienen ingresos regulares y activos valiosos, a reorganizar la empresa. La empresa puede continuar sus operaciones con la supervisión del tribunal, por supuesto. Los acreedores no pueden interferir con los deudores durante la supervisión. Los propietarios de las empresas tendrán que compartir su plan de reorganización con los acreedores que les proporcionen parte del pago. Pero si los acreedores no están de acuerdo con el plan, tienen derecho a presentar un plan competidor.

- Quiebra Agrícola: Esto se presenta como una bancarrota del capítulo 12. Es un tipo de bancarrota diseñada especialmente para las familias de granjeros. Es para ayudar a los granjeros a reorganizar su negocio agrícola, así como para saldar todas sus deudas. La naturaleza impredecible de la agricultura y los de las estaciones son factores que se consideran seriamente en el capítulo 12 de la ley de bancarrota.

Implicaciones de la Quiebra

Antes de considerar la posibilidad de declararse en bancarrota, primero debes entender cómo funciona, así como los pros y los contras. No es un tema sencillo que se pueda hacer rápidamente, pero tiene un lado complejo que solo un abogado de bancarrota entiende.

Pros

- Liquidación: Conseguir que las deudas sean canceladas es una de las principales razones por las que la gente se declara en bancarrota. Y cuando tal deuda es liquidada, borrando todas sus deudas, así como evitando que los acreedores le cobren más pagos, el deudor queda libre. Es una gran ventaja de declararse en bancarrota. Aunque no todas las declaraciones de quiebra son concedidas. Si debes deudas de pensión alimenticia, impuestos o manutención, declararse en bancarrota sería una pérdida de tiempo. Estas deudas no se perdonan no se cancelan.

- Estancia Automática: Aquí hay otra ventaja que se puede disfrutar cuando se presenta una quiebra. Es una situación en la que una persona que se declara en quiebra queda automáticamente protegida de los acreedores, así como la propiedad sobre el cobro de deudas. La protección se mantiene hasta que el tribunal decrete finalmente las deudas que deben ser honradas perdonadas o liquidadas. En una situación que involucre un proceso de divorcio, la suspensión automática podría ser levantada.

Contras

- Pérdida de la Propiedad: Existe la posibilidad de que un declarante de quiebra pierda su propiedad si el tribunal decide que es lo suficientemente valiosa como para pagar la deuda. Esto sucedería si incluyes tus bienes en su caso al fideicomisario de la quiebra. Tu acreedor tendrá un mayor apalancamiento para tratar de obtener tus bienes, especialmente si los utilizaste inicialmente como garantía.

- Puntaje Crediticio: Otra desventaja de declararse en quiebra es que disminuye tu puntaje crediticio. Los prestamistas solo te verán como un riesgo cuando verifiquen tu historial crediticio, ya que la presentación de la quiebra no limpiará de ninguna manera tu historial de deudas, aunque estas se cancelen. Pero es una mejor opción que adquirir una deuda. Siempre puedes reconstruir tu puntaje crediticio más adelante.

- Privacidad: Si eres sensible con respecto a tu privacidad, solicitar la quiebra podría no ser para ti, y esto explica por qué debes realizar tu investigación si quieres solicitar la quiebra. Puedes prepararte contra las consecuencias o buscar otras opciones. Cuando se presenta un caso de bancarrota, cada detalle de tus estados financieros se hace público. En otras palabras, cualquiera puede acceder a tu información personal sin tu permiso. La cantidad que debías, quienes eran tus acreedores, tu plan de bancarrota puede ser evaluado fácilmente por cualquiera. Puede ser un gran problema si aprecias tu privacidad.

Implicaciones del Juicio

Cuando un prestamista presenta una demanda contra un deudor y éste se niega a responder a la demanda, habrá una sentencia automática denominada sentencia en rebeldía contra esa persona por parte del tribunal. Responder a la demanda no significa necesariamente que no haya una sentencia contra el deudor. No presentarse en el tribunal por la demanda presentada contra un deudor se conoce como *Defensa Afirmativa*. Muchos acreedores esperan que los prestatarios ignoren la demanda para poder recibir una sentencia en rebeldía que esté a su favor.

Sin embargo, si después de un cierto número de años el prestatario se presenta ante el tribunal, la prescripción que impide al prestamista cobrar las deudas adecuadas probablemente le garantizará al prestatario una victoria. La sentencia siempre puede verse en tus informes de crédito hasta su fecha de vencimiento. Puede permanecer válida hasta 10 años o más.

Una Ejecución de Embargo: Es una situación en la que un acreedor presenta a un alguacil la sentencia contra un deudor para que el alguacil pueda vender la propiedad del deudor según lo permitido por una orden judicial. En estas circunstancias, lo mejor para el deudor sería evitar un fallo por completo, adoptando las medidas efectivas necesarias para defender las demandas presentadas en su contra. Tener una sentencia en tu informe de crédito puede impedirte obtener autorizaciones de seguridad, afectar tus finanzas o incluso impedirte obtener un seguro. Intenta evitar una demanda y si se te presenta una en tu contra, no la ignores. Haz un esfuerzo para defenderte en la corte.

Implicaciones de los Embargos

Hay embargos que son buenos para tu crédito y, por otro lado, los malos para tu crédito. Embargos consensuales (buenos), embargos legales (malos) y embargos judiciales (muy malos). Cualquier prestamista que te permita comprar a través de una financiación requerirá una garantía que a menudo es en término de propiedad. Con esa garantía, el prestamista generará un interés prioritario en la propiedad con la que respaldaste tu línea de crédito.

Si no puedes pagar, se pondrá un gravamen en tu propiedad. Este gravamen puede, sin embargo, ser de tipo consensual, estatutario o de juicio.

- Embargos Consensuales: Como el nombre ya lo implica, son embargos con los que el deudor consiente. Puede ser solicitando líneas de crédito o préstamos. El deudor seguirá siendo el propietario si no cumple con su obligación de pago. Mientras sea visible en tus informes de crédito, los embargos consensuales no afectan tu informe de crédito ni tu puntaje crediticio negativamente. Debido a esto, los embargos consensuales se consideran buenos embargos.

- Embargos Judiciales: Los embargos judiciales son un tipo de embargos considerados malos para tu crédito. Cuando un contratista no recibe el pago por el trabajo realizado, el gobierno pone un embargo fiscal. Se indicará en el informe de crédito y puede durar hasta un número de años reflejando negativamente en tu crédito.

- Embargos Judiciales: Este es el tipo de embargo más severo. También puede permanecer en tu informe de crédito durante un largo período de tiempo. Ocurre cuando el tribunal concede a tus acreedores intereses financieros sobre tu propiedad para cubrir los daños que el seguro no cubrió. Estos daños pueden ser una reclamación de responsabilidad o un accidente grave.

Cómo Eliminar el Juicio de tu Informe de Crédito

Eliminar el juicio es un proceso complicado y puede ser un gran dolor de cabeza. Puede que tengas que quitar un juicio si te dedicas a los bienes raíces. Esto se debe a que las compañías de títulos, debido a la diferencia de leyes de los diferentes estados, insiste en la eliminación de una sentencia liquidada antes de que cualquier negocio de bienes raíces puede ser cerrado. Puedes quitar una sentencia primero anulándola, satisfaciéndola, y si no puedes satisfacerla, puedes conseguir que sea anulada.

- Anular una sentencia solo puede funcionar si la sentencia es en rebeldía. Puedes "anular el fallo" o presentas una moción en el tribunal solicitando que el fallo sea anulado o apartado. Eso será después de que hayas declarado tu razón para ignorar la demanda presentada contra ti en primer lugar. Asumiendo que no estabas al tanto de la demanda, y por lo tanto de tu ausencia en el tribunal, podrás presentar una moción dos años después de la fecha inicial en que la sentencia en rebeldía se activó. Si, sin embargo, estabas al tanto de la demanda, pero la ignoraste deliberadamente, entonces solo tienes seis meses para presentar una moción. La sentencia será anulada si tu moción es exitosa, después de lo cual podremos impugnar el caso. Tendrás más posibilidades de ganar con eso. Todo esto tendrá que hacerse con la ayuda de un abogado.

- Si no puedes anular una sentencia, tendrás que

satisfacerla, después de lo cual tu acreedor deberá presentar una "satisfacción de la sentencia" ante el tribunal. Cuando resuelvas una sentencia, asegúrate de que haya un acuerdo claramente escrito que indique qué es exactamente lo que estás pagando y cuándo debe ser pagado. Tu abogado debe asegurarse de que los pagos obtengan una satisfacción de la sentencia presentada.

- Si los dos primeros métodos fallan, puedes conseguir que tu sentencia sea liberada por medio de la bancarrota. Consigue un abogado que te ayude a presentar una petición de bancarrota para que se pueda poner una suspensión automática del juicio y los acreedores no puedan tomar ninguna medida que te obligue a hacer los pagos.

Cómo Eliminar los Embargos

1. Satisfacer tus Deudas: Puedes quitar un embargo de tu propiedad si pagas todas tus deudas en su totalidad, después de lo cual debes presentar un formulario de "Liberación del Embargo". Este formulario representa una prueba de que efectivamente has pagado tu deuda. El embargo de tu propiedad será entonces retirado. Por lo general, las siguientes acciones deben llevarse a cabo, aunque las diferentes jurisdicciones tienen diferentes requisitos. Obtener el formulario de "Liberación del Embargo". Llena el formulario con la información necesaria. Proporciona una declaración de pagos para mostrar que realmente has pagado. Haz que tu acreedor firme el formulario con un notario presente

para presenciar la firma. Haz los pagos necesarios para completar el formulario de "Liberación de Embargo".

2. Consigue una Orden Judicial: Si estás seguro de que el embargo puesto sobre tu propiedad fue obtenido mediante un fraude o coacción, y puedes presentar evidencia para apoyar tu reclamo, puedes solicitar que el embargo sea removido de tu propiedad a través de una orden judicial.

3. Solicita la Quiebra Bajo el Capítulo 7: También puedes eliminar un embargo solicitando la quiebra bajo el capítulo 7. Casi todas tus obligaciones serán canceladas y podrás retener la propiedad de tus bienes. Este método también se conoce como Evasión y está pensado solo para embargos judiciales.

4. Llegar a un Acuerdo con los Acreedores: Esta es una manera muy simple de eliminar un embargo sobre tu propiedad. Puedes llegar a un acuerdo de algún tipo en privado con tu acreedor. Él/Ella puede estar de acuerdo o no. Depende del valor de tu deuda y tal vez, de tu enfoque. A veces un acreedor aceptará quitar el embargo de tu propiedad solo si tú puedes pagar tasas de interés más altas y pagos mensuales más altos.

5. Prescripción: Dependiendo de tu estado, hay un cierto número de años en los que el embargo de tu propiedad es válido, y cuánto tiempo un acreedor puede presentar una demanda. Si esperas a que el estatuto de limitaciones se agote, el embargo volverá inejecutable.

CAPÍTULO CINCO

LIDIAR CON LA EJECUCIÓN HIPOTECARIA

La ejecución de una hipoteca es una de las experiencias más miserables que alguien puede tener en la industria financiera. Se suele considerar la mayor causa de depresión en la operación de crédito también. Desde cualquier perspectiva que alguien quiera ver la ejecución de una hipoteca, siempre termina convirtiéndose en una etapa que ningún dueño de negocio o individuo privado quiere conseguir.

¿Qué significa el término *ejecución hipotecaria*? Para empezar, se ha utilizado para todo tipo de cosas en diferentes contextos. Depende de a quién se le pregunte; un corredor de bolsa tiene un significado distinto de lo que entiende el oficial de seguridad. No es más fácil si le preguntas a un ingeniero o a un gramático. Todos tienen lo que creen que es. En la industria crediticia, sin embargo, la ejecución hipotecaria se utiliza para describir una situación en la que los bienes de un deudor se venden para liquidar las deudas. Eso no siempre sucede, por supuesto, pero muchas veces, esto puede ser necesario para liquidar algunas, sino todas las deudas.

Como ejemplo práctico, un deudor que toma un préstamo de automóvil, con el pacto de que en el momento que no pueda seguir pagando la deuda como se indica su reglamento, el vehículo debe ser embargado y vendido para cubrir la deuda que queda; el magnate de los negocios que tomo algún préstamo e invirtió en las piezas de maquinarias de alguna empresa pero terminó sin poder pagar; el tradicional que sacó una hipoteca, cortesía de su empresa y fue despedido, se quedó sin trabajo y sin poder seguir pagando su mensualidad, y tantos otros. Por lo general, la repentina pérdida de empleos, inversiones o ganancias esperadas es la razón por la que la mayoría de las personas no pueden pagar. En algunos casos, algunos caen en enfermedades crónicas y gastan todos los ahorros de su vida en ello, mientras que otros simplemente tratan de burlar a la compañía de crédito. Para el último grupo de personas, de repente se dan cuenta de que no hay forma de que puedan cumplir con los términos del acuerdo, porque les está ahogando su vida y quitando parte de su nómina. En cualquier caso, se vuelven incapaces de pagar y sus activos corren el riesgo de ser vendidos para cubrir sus deudas.

La mayoría de las veces, la ejecución de la hipoteca se realiza sobre deudas que están garantizadas. Esto significa que el deudor debe haber añadido algunos de sus bienes como garantías que podrían ser usurpados en el momento en que incumple. Normalmente son elementos que pueden, en gran medida, cubrir la deuda. La ejecución de la hipoteca también se realiza normalmente sobre deudas cercanas al crédito cerrado. ¿Qué es eso? El tipo de deuda que se deriva de las deudas largas y bien trazadas. Por ejemplo, las deudas de las tarjetas de crédito no son de crédito cerrado. No hay una cantidad específica que el deudor deba pagar cada mes, solo tiene la libertad de gastar dentro de su límite de crédito cada mes, y puede elegir gastar o no. En el caso del crédito cerrado, se elabora la cantidad precisa que el deudor necesita, se elabora un plan de pagos estable y se espera que entreguen una cantidad en determinados períodos, probablemente mensualmente, bianualmente, etc. Ese es el tipo de planes en los que se dibujan préstamos tangibles como préstamos estudiantiles, préstamos para automóvil, cargos ordenados por la corte, etc.

Como era de esperar, la ejecución de una hipoteca también suele estar contemplada con los contratos de préstamo. Se indica claramente si el prestamista o el inversor tiene todos los derechos para embargar el activo en el momento en que el deudor incumple, o si hay otras cláusulas que deben cumplirse antes de que se usurpen dichos activos. En la mayoría de los casos, los prestamistas suelen ser personas o empresas que disponen de recursos suficientes para encubrir el incumplimiento del deudor, aunque, por supuesto, no se espera que el deudor incumpla. Por eso, en la mayoría de los casos, los acreedores implicados en esto suelen ser bancos o empresas de crédito muy grandes.

Ver tu propiedad subastada en una ejecución hipotecaria no es ni siquiera la cima del problema; puede tener un efecto drástico en tu puntaje crediticio y en tu informe de crédito también, una situación puede arruinar tus posibilidades de futuras transacciones de crédito.

La ejecución hipotecaria no es simple. No es algo que tu acreedor pueda contar horas después de que tú dejes de pagar y vendas tu propiedad. No es algo que tu deudor pueda esperar que se le escape sin sentir algunos efectos también. El tipo de efectos y las medidas adoptadas por ambas partes dependen en gran medida del tipo de ejecución hipotecaria que se establezca. Esto trae a la mente los dos tipos de ejecución hipotecaria.

Los dos Tipos de Ejecución Hipotecaria:

La Ejecución Judicial: La ejecución judicial es el tipo que involucra a la corte antes de que se apruebe una resolución final sobre el bien y se tomen acciones. Por mis años de experiencia, los deudores a menudo prefieren esto a lo siguiente que discutiremos. Pero, ¿cómo funciona esto? El primer paso es notificar al deudor de su incumplimiento de pago y darle algún tiempo para liquidar su factura. Ese período de gracia suele ser conforme a las condiciones acordadas anteriormente. Si no paga, se espera que el prestamista proceda a un tribunal relacionado y presente una demanda llamada *lis pendens* contra el deudor. Inmediatamente, el caso se hace público y el prestamista normalmente puede subastar los bienes.

La Ejecución No Judicial: Bastante similar a la primera, la ejecución no judicial también da lugar a la venta del activo utilizado como garantía. Es lo que comúnmente se denomina *Poder de Venta* en los EE.UU. y la única diferencia entre éste y el primero es que el prestamista no necesita pedir permiso al tribunal antes de vender el activo. Él/Ella ha sido facultado en la escritura del contrato. Se envía al deudor una nota de incumplimiento antes de tomar cualquier acción; la nota se registra en la oficina de escrituras del condado y se espera que el deudor pague dentro de un período de gracia, normalmente entre 3-6 meses. Si no entregan el pago dentro del período de gracia, el activo queda directamente bajo control del acreedor, que puede optar por subastarlo o conservarlo. En la mayoría de los casos, los bienes se subastan inmediatamente. Sin embargo, si el acreedor lo conserva, el acuerdo de ejecución hipotecaria se conoce como *Ejecución Estricta* en algunos estados como Connecticut.

Por inferencia, podemos señalar que hay otras dos etapas básicas de la ejecución hipotecaria:

La Etapa Previa a la Ejecución Hipotecaria: La pre-ejecución hipotecaria es la etapa más temprana de la ejecución hipotecaria. Es el tiempo entre el período en que el deudor no paga y el momento en que se produce la ejecución hipotecaria. Incluye el período en que un deudor en peligro de ejecución hipotecaria es informado de sus deudas. La información suele enviarse en forma de nota para recordar al deudor cuánto está incumpliendo y cómo, según las normas del contrato, podría perder algunos de sus recursos si no paga. La cantidad total que se espera pagar y el período de gracia, (el tiempo en el que deben pagar) se encuentra esta nota. Predice lo que le espera al deudor. La ejecución hipotecaria puede evitarse en esta etapa si el deudor trata de pagar dentro del período de gracia o, de alguna manera, consigue que los acreedores negocien un nuevo acuerdo que pueda cubrir cómodamente. La regla es que las agencias de crédito no son informadas hasta unos 30 días de incumplimiento, por lo menos, y el registro puede comenzar a aparecer en el informe de crédito después del período de gracia.

La Etapa de la Ejecución Hipotecaria: La ejecución hipotecaria suele suceder después de que el deudor se ha negado a pagar después del plazo dado y tiene que pagar la decisión final; dejar su activo. El estilo adoptado para obtener el control del activo no es siempre el mismo. Recordarán que se define por el tipo de acuerdo de ejecución firmado. El activo se vende normalmente en una semana, y se vende a un precio normalmente menor que el valor del artículo, primero porque cuanto antes se liquide, antes tendrá el inversor sus fondos. Entonces, se puede considerar un mal mantenimiento y deterioro. En los casos en que el valor del bien se haya deteriorado tanto que el dinero realizado no cubra el total de las deudas o los gastos legales incurridos en el proceso de ejecución hipotecaria, el prestamista puede presentar una reclamación por una *Sentencia de Deficiencia.*

¿Qué Hacer Cuando no se Cumple?

Haz un Nuevo Trato: La ejecución hipotecaria puede tener un efecto drástico en tu tarjeta de crédito, y es exactamente por eso que puede ser necesario involucrar todos los medios posibles. En muchos casos, es realista abrir una nueva negociación con tu acreedor. Que vean las razones por las que no puedes pagar ahora mismo y propongan alternativas infalibles y favorables. Ha salvado a millones de personas.

Derecho a la Redención: El derecho estatutario de redención es una ley que establece que después de que un deudor haya incumplido y el prestamista o el acreedor haya asumido el control de sus recursos, el deudor puede reclamar este bien. Esto puede suceder incluso si el prestamista ha subastado el activo, siempre y cuando la redención se haga dentro del período de redención que es el período que le queda al moroso para pagar. Por supuesto, esto suena raro para alguien que no ha pagado la deuda que debe, y es por eso que algunos términos deben estar en su lugar.

En el primer caso, un deudor puede reclamar su propiedad si paga la cantidad exacta que debe y los gastos legales incurridos en el proceso de ejecución. También pueden conservar su casa si participan en la subasta que suele anunciarse en las radios locales para una fecha fija, y luego hacen la oferta más alta que les da el control nuevamente. Si el costo de la casa cubre la deuda contraída, se permitirá al deudor ser propietario de la casa, pero si tiene que pagar más, probablemente se le notificaría una sentencia de deficiencia y tendría que pagar más. En la mayoría de los casos, los deudores pueden obtener un beneficio al revender por un precio más alto, y pueden pagar sus deudas con el beneficio. En el último caso, un deudor puede declararse en quiebra.

Declarar la Bancarrota: Declarar la bancarrota es la resolución final para cualquiera que no puede pagar su deuda y esté preocupado por perder su propiedad. A menudo, las personas obtienen préstamos garantizados utilizando sus recursos más valiosos como casas o autos como garantía. Cuando finalmente se dan cuenta de que no pueden pagar, pueden recurrir a la declaración de la bancarrota. ¿Cómo ayuda eso? Pueden conservar el control del activo si éste se considera uno de los activos básicos que no se puede perder en una quiebra. Normalmente, eso incluye autos e instalaciones básicas de la empresa. No obstante, debo añadir rápidamente que la bancarrota es el peor registro en tu perfil de crédito.

Ya debes estar preguntándote, ¿qué tan malo puede ser un juicio hipotecario en tu perfil? ¿Qué daño puede hacer, si es que lo hace? Voy a hablar de eso ahora:

EFFECTOS DE LA EJECUCIÓN HIPOTERACIA EN LOS PUNTAJES CREDITICIOS

Malos Puntajes Crediticios: Podemos empezar con esto. El efecto más drástico que tu ejecución hipotecaria puede causar en tu informe de crédito es la mala calificación crediticia. De acuerdo con los informes de FICO en el 2019, tú puedes ser testigo de una caída entre 185 y 105 en tu puntaje crediticio si pasas por una ejecución hipotecaria. Se especula que cuanto mejores sean tus puntajes actuales, más sentirás los efectos directos de la ejecución hipotecaria. Prácticamente, acabas de demostrar que a veces, ni siquiera tienes los medios para continuar con el pago y tus acreedores podrían tener que participar en la venta de propiedades para obtener su dinero. Por supuesto, no lo hiciste por esa razón. Lo hiciste porque las finanzas eran difíciles y tus acreedores tienes que ser pagados, pero es la única forma en la que otros acreedores y potenciales prestamistas pueden verlo.

Te Arriesgas a Tener un Historial Horrible en tu Perfil: Tener un historial horrible en tu perfil es estigma que tendrías que soportar durante mucho tiempo. Por las regulaciones de la Ley de Informe de Crédito Justo (FCRA, por sus siglas en inglés), los malos registros como la bancarrota, la ejecución hipotecaria, las ventas al descubierto es probable que permanezcan en tu registro de crédito durante mucho tiempo. Con esto me refiero a que, al menos hasta los próximos siete años, tu informe crediticio dará cuenta de que has sufrido un embrollo financiero en algún momento, que se puso tan difícil que tuviste que renunciar a algunas de las cosas que tenías, y que es probable que se repita. En primer lugar, es difícil recuperar mejores puntajes crediticios, y puede que tengas que pasar un par de años intentándolo, al menos. Es más difícil borrar ese registro incluso cuando tienes mejores notas. Es audaz en la sección donde se esperan tus juicios públicos y puedes intentar su eliminación hasta 7 años después.

Cargos Más Altos para la Financiación Convencional: Ahora, esto es otro problema. Hay muchas posibilidades de que te resulte difícil conseguir lo que otros consiguen fácilmente. Los prestamistas se vuelven inseguros acerca de tu capacidad de pago, no importa lo que presentes. Siempre quieren una forma cínica de estar seguros. Probablemente por eso te cobrarían un interés más alto que a todos los demás. Esto podría hacer que sea insoportable obtener muchos créditos y debes prepararte para eso.

Conseguir un Nuevo Préstamo se Vuelve Difícil: Puedes considerar esto como una implicación total de la confiscación. Suele dejar una mala impresión y hace prácticamente imposible conseguir un nuevo préstamo sin cláusulas o condiciones estrictas. Es que o bien tienes que pagar un interés más alto o tienes que hacer un depósito más alto que otros. También se te puede pedir que llenes formularios que de otra manera no lo harías, pero todo eso es si no se te rechaza.

Como ves, debes considerar cuidadosamente tus opciones antes de ver la ejecución de la hipoteca. Particularmente si estás en la etapa de la pre-ejecución hipotecaria. Los efectos a largo plazo son drásticos y puede ser demasiado difícil de borrar. Tienes todas las posibilidades de evitarlo y siempre se recomienda que intentes impedir que suceda.

CAPÍTULO SEIS

LA VERDAD ACERCA LAS AGENCIAS DE CRÉDITO

Las agencias de crédito son unas de las pocas organizaciones que pueden ayudarte a darle forma a lo que sucede en tu mundo financiero. Su presencia, exactitud, errores y políticas generales pueden afectar tus posibilidades de obtener apoyo financiero, lo cual afecta a cualquier persona o empresa en el mundo hoy en día. Sin rodeos, está bien no entender las organizaciones religiosas, las organizaciones sociales o ciertos nichos del mundo de negocios. ¿Pero las agencias de crédito? Nadie llega lejos en el mundo de los negocios sin ellas. Incluso está mal empezar a tomar préstamos y créditos sin tener información vital sobre las empresas como éstas, y por eso les hablaré de ellas ahora. Aprenderás los vitales que son para tu crédito también.

Para empezar, ¿qué es exactamente una agencia de crédito? Una oficina de crédito es una organización bien establecida que se encarga de mantener y suministrar información relacionada con tu crédito cada vez que la necesitas. Normalmente se llaman Agencias de Informes Crediticios porque es lo más importante que hacen: informar sobre tu crédito. Las agencias de crédito o las agencias de informes crediticios suelen ser empresas u organizaciones especializadas que se encargan de reunir, compilar y proporcionar toda la información necesaria sobre tu crédito cuando tú lo necesitas. Esta información suele empacar y reportar en el documento conocido formalmente como "reporte de crédito".

Ahora, ¿qué es un informe de crédito? Es una compilación bien investigada de hechos sobre tu crédito. La investigación es hecha por tu agencia de crédito; ellos solo proporcionan los detalles cuando tú los necesitas. Proporcionan toda la información relacionada que pueda ayudarte a decidir qué tan bien haz manejado tu información crediticia. Eso incluiría algunas estadísticas como tu información personal, tu información crediticia (las empresas con las que has obtenido créditos y los tipos de créditos que has obtenido), las sentencias anteriores que has tenido basadas en tus finanzas, y tu puntaje crediticio actual. Ya tienes una buena idea de lo que abarca tu puntaje crediticio.

Se espera que las ganancias de informes de crédito te proporcionen un informe de crédito gratuito una vez al año, y pueden producir más de uno con cargo. Puedes escribirles para proporcionar tu información crediticia a ciertas compañías. Normalmente compañías de crédito con las que ya estás en una transacción o de las que estás a punto de obtener algún crédito. Las agencias de crédito pueden proporcionarte tu información crediticia cuando así lo ordene un tribunal o el gobierno, y definitivamente, tu compañía de seguros naturalmente obtiene una copia aparte de los casos en que se utilizan resúmenes de la información crediticia en las investigaciones.

Tu Agencia de Crédito normalmente comenzaría a operar en

el momento en que tú creas un perfil con ellos, y tú instruyes a tus compañías de crédito para que les envíen los detalles de tus transacciones de crédito. Por ejemplo, si creas un perfil crediticio con *TransUnion,* una notable agencia de informes de crédito de los Estados Unidos. Luego, le ordenas a las compañías de tarjetas de crédito que envíen tus informes de transacciones con ellos a *TransUnion,* tu agencia de crédito. Esto significa que esperar que tu compañía de tarjetas de crédito te proporcione informes sobre el tipo de préstamo que has sacado con ellos, lo bien que puedes pagar y tu impresión general de tu estilo de pago. Esta información se suministrará con tu nombre completo, el momento en el que se han concedido los préstamos, el momento en el que se espera que lo pagues todo y las cláusulas que has añadido durante el acuerdo. No se espera que hablen a favor o en contra de ti, sino que solo proporcionen a la agencia de crédito la información que obtengan sobre tu interacción.

Es lo mismo cuando tomas préstamos asegurados, seguramente recuerdas que las tarjetas de crédito ofrecen préstamos no asegurados. Si tú pides un préstamo estudiantil, una hipoteca o cualquier otro tipo de deuda que puedas referir como deuda buena o mala, tú estás pidiendo un préstamo asegurado. Puedes dar instrucciones a tus prestamistas para que le envíen los detalles de tu transacción con ellos. N es necesario, pero siempre es aconsejable ya que el siguiente prestamista probablemente te prestará basándose en lo impresionado que esté cuando lea y verifique tus deudas anteriores, particularmente lo bien que manejaste la última deuda.

Toda la idea de los puntajes crediticios y los informes de crédito se centran en eso.

Las agencias de crédito no recogen toda tu información, sino que solo se ocupan de las piezas que se relacionan con tu crédito, lo que incluye estadísticas como "¿de quién obtuviste los créditos? ¿Cuáles fueron las políticas acordadas? ¿Cuáles fueron los términos y cómo los cumpliste?" las agencias de crédito recopilan todos estos datos y te califican por tu desempeño en todos y cada uno de ellos. Algunos formatos se siguen cuando se califica un informe de crédito, y hablaremos de cada uno de ellos a su debido tiempo.

Pero podríamos empezar revelando más sobre las propias agencias de crédito. Según National Finance (Finanza Nacional), hay tres grandes agencias de informes de crédito en los EE. UU., son *TransUnion, Experian* y *Equifax. American Banker* también informa que estos tres están respaldados por diferentes leyes de crédito en los EE.UU. y pueden solicitar tus registros de crédito, tu historial financiero y cierta información personal que puede ayudarles a rastrear y compactar tu desempeño en los tratos crediticios, incluso sin informarte a ti. Leamos un poco sobre ellos:

TransUnion: Si quieres juzgarlos por el número de personas que cubren, TransUnion es la más pequeña de las tres agencias de crédito reconocidas en los EE.UU., pero tiene el rango más amplio. Cubre no menos de 30 diferentes países en el mundo, incluyendo al Reino Unido. Proporciona datos demográficos y analíticos junto con informes de crédito, y está considerado entre las más fiables agencias de crédito del mundo. Para el 2020, TransUnion cumpliría 52 años desde su establecimiento.

Experian: Experian se estableció hace solo 23 años (a partir del 2019), por lo que suele considerarse la más joven de las tres por edad. Sin embargo, Experian se encuentra entre los organismos de información crediticia más fiables del país. Es más popular en países de toda Europa y, por supuesto, en los EE.UU., y tiene sedes en países del mundo. Presta los mismos servicios que TransUnion, y registra información de más de 200 millones de ciudadanos solo en EE.UU.

Equifax: Es la tercera de las principales compañías de crédito reconocidas en los EE.UU. Mantiene el registro de más de 800 millones de personas, además de millones de perfiles de negocios. Equifax tiene un impresionante registro de mantenimiento de crédito en todos los estados de los EE.UU., y como tal, a menudo es reconocida como otras.

Según *American Banker,* las tres organizaciones están encargadas de tres tareas principales: recopilar tu información, hacer un análisis de lo que obtuvieron y ponerlo a disposición de las empresas correspondientes y, por supuesto, de ti mismo. Todas las demás agencias de crédito se encargan de la misma tarea, pero cabe señalar que existen unas 100 agencias de crédito más, solo que rara vez son accesibles a todos los ciudadanos.

Se espera que cada una de las agencias de crédito proporcione un informe de crédito gratuito a cada persona que lo solicite. También deben presentar una vía a través de la cual los ciudadanos puedan refutar y cuestionar las estadísticas de su informe de crédito. esto significa que si recibes tu informe de crédito y observas algunas estadísticas sobre las que tienes dudas, puedes comunicarte con tu oficina de crédito y hacer que se corrija el error.

¿Cómo Obtiene tu Agencia de Informes de Crédito los Informes Sobre tu Crédito?

Las agencias de crédito requieren información y necesitan encontrarla de alguna manera. Es la única manera en que pueden tener suficientes registros para proporcionar cuando tú solicitas tu información de crédito, y están protegidos por la Ley de Informes de Crédito Justo de los EE.UU. Esta ley les otorga una licencia para recopilar información de todos los que puedan y compilar esta información con el número del SS de cada persona. Es interesante notar que cada agencia tiene su método para obtener información. Es por eso que cierta información puede reflejarse en el informe de una empresa y puede faltar en el informe de otras.

En general, ¿qué es exactamente lo que necesitan de ti y cómo deberían obtener tu información?

La información que suelen exigir las agencias de crédito

incluye:

Tus Datos: Los datos inmediatos con los que quieres ser reconocido son importantes. Tu nombre completo, tu historial financiero, tu número de seguro social y demás. Tiene que coincidir con lo que tienes en otros papeles. Las agencias de crédito tratan de que tu información sea genuinamente tuya, y que la información perteneciente a alguien con un nombre similar no se mezcle. Cabe destacar que las compañías de crédito o las oficinas de crédito no requieren los datos de tu cuenta bancaria, tu escala de ingresos o tales estadísticas. Solo están interesadas en lo que explica directamente tu crédito.

Tu Información de Crédito: Esta es otra importante información que la agencia de crédito se propuso a recopilar. La oficina de crédito recopila tu historial de crédito, tus acuerdos de crédito pasados y presentes y tu compromiso con cada uno de ellos, así como la tasa a la que tu información crediticia puede influir en tu puntaje crediticio. En realidad, determina cuán alta o bajo es tu puntaje crediticio, junto con algunas otras características.

Juicio Público: El Juicio Público puede ser una revelación para las compañías de préstamos. Si has sido reivindicado en muchos casos judiciales, puedes demostrar a los prestamistas que eres un deudor brillante que debe ser venerado. También puede ser la razón por la que tus prestamistas son escépticos si se dan cuenta de que tú tienes un juicio público deficiente, que has incumplido muchos préstamos y que has tenido que recurrir a una serie de alternativas antes que ellos.

Solicitudes Recientes: Por último, se incluye en el informe de crédito el número total de empresas que han solicitado recientemente tu informe de crédito. Los nombres y perfiles de las empresas, la forma de trato que les propongas y demás son datos que tu agencia de informes de crédito también puede buscar.

Entonces, ¿cómo encuentran todos esos datos?

De tus Acreedores: La fuente de información más segura son tus acreedores. Ellos tienen registros de cómo te desempeñaste en tus deudas. Por lo general, presentan una actualización periódica de todos sus clientes a las agencias de crédito, excepto en los casos que en el deudor solicita que su información crediticia no sea enviada a una oficina de crédito. En otros casos, es posible que tengas que notificar a tu compañía de crédito para que proporcione tu información crediticia a la oficina de crédito. Además, los juicios públicos y tus recientes solicitudes, tus compañías de crédito suelen suministrar la información principal de tu empresa de forma sencilla. Por lo general, tus acreedores son cooperativas de crédito o bancos.

El Tribunal: El tribunal es otra fuente de información fiable. El tribunal proporciona una variedad información, desde sentencias públicas hasta registros de ejecuciones hipotecarias, quiebras y situaciones similares. El tribunal naturalmente proporciona esta información al registro público, y también la envía a las oficinas de crédito en el momento en que se actualiza.

FICO y otras agencias de crédito:

Aparte del hecho de que estas oficinas de crédito dependen de diferentes fuentes para recopilar información, también utilizan diferentes métodos para calificar tu puntaje crediticio. Estos métodos se conocen como Modelos de Puntaje Crediticio o Formato de Puntaje Crediticio. Usando esos modelos, tus oficinas de crédito generan un puntaje de tres cifras entre 300 – 850 después de evaluar tu desempeño. En la mayoría de los casos, tu puntaje se genera en función de la ocasión en que la necesitas, y el valor de los factores considerados difiere. Por ejemplo, tu puntaje cuando solicitas un préstamo bancario puede diferir ligeramente del que obtienes cuando solicitas a la oficina de crédito que envíen tu información crediticia a una empresa de préstamos para automóviles. Además, en un informe crediticio, tus deudas médicas pueden tener un puntaje más alto que tus préstamos para automóviles.

De todos los modelos, el FICO es el más popular, aunque menos agencias de crédito prefieren utilizar uno de los otros. ¿Qué es FICO y qué son los otros?

FICO: FICO es uno de los modelos de puntaje de crédito más fiables de EE.UU. ha existido por mucho tiempo y la gente ha llegado a confiar más en su juicio que en el de otros. Considera el historial de pago, el uso del crédito, el historial de crédito y el tipo de crédito por encima de otros factores al calificar tu puntaje crediticio.

Califica el historial de pagos más que los otros, por lo que es tu oficina de crédito perfecta si tienes un historial crediticio impresionante que te gustaría establecer formalmente en tu registro.

Vantage: *Vantage* es otro modelo de puntaje crediticio en los EE.UU. Según los registros, Vantage utiliza el mismo rango de puntajes que FICO (300 – 850), pero añade un rango de letras entre A – F para ayudarte a entender y analizar tu puntaje crediticio. Califica el historial de pago como un 40%, a diferencia del FICO que usa un 35%, está interesado en cuán bajo eres capaz de mantener el saldo de tu tarjeta de crédito, qué tan regularmente eres capaz de pagar y qué tan hábilmente evitas las obligaciones crediticias cuando puedes. La mayoría de sus estadísticas son similares a las de FICO, pero esta ha demostrado ser una mejor alternativa y aumentando constantemente su audiencia a lo largo del tiempo. Sus resultados finales también son muy similares a los de FICO.

Puntaje CreditXpert: Este es uno de los mejores formatos de puntaje crediticio disponibles para los nuevos individuos que empiezan. Pero, por el contrario, la mayoría de las empresas de crédito prefieren contar con cualquier otra cosa. Este modelo de puntaje crediticio propone formas de mejorar los puntajes de in informe crediticio en la medida de lo posible, en particular si la cuenta es relativamente nueva y el usuario requiere algún impulso para tener más posibilidades de obtener un préstamo. No es muy popular porque las cooperativas de crédito no les gusta.

TransRisk: *TransRisk* se utiliza a menudo cuando se analizan los informes de TransUnion. A diferencia de los otros dos primeros que enfatizaban el historial, se preocupa más por las posibilidades de pagar el nuevo préstamo. Enfatiza los medios disponibles y la capacidad aparente del individuo. Todos se confunden a menudo en una cosa y otra sobre ellos, y como tal, no suelen contar con ellos. Preferirías trabajar con un método de evaluación más caro y simple también.

Además de estos cuatro, hay otros modelos notables como el modelo de puntaje de Equivalencia Nacional de Experian, y algunos otros.

La Ley de Informe de Crédito Justo (LICJ - FCRA, por sus siglas en inglés):

La Ley de Informe de Crédito Justo es un conjunto de reglamentos de las leyes de los EE.UU. que establecen la forma en la que las oficinas de crédito deben cobrar, mantener y notificar los créditos. Según el título de la sección 1681 de la constitución de los EE.UU., donde está registrada la LICJ, éste establece el tipo de información que pueden recopilar las oficinas de crédito, el tipo de persona o grupo que tiene acceso a estos grupos y el derecho de los clientes a rechazar un informe crediticio en los casos en que se observen errores.

¿Qué implica eso para ti como propietario de un perfil
crediticio?

Tú y tus informes de crédito están protegidos por la
ley.

Tu información personal no puede ser proporcionada a nadie sin tu consentimiento, excepto cuando dicha acción esté respaldada por la ley. Tienes derecho a informes precisos y, en consecuencia, puedes rechazar un informe crediticio por motivos de invalidez, inexactitud o errores de cualquier tipo.

Tienes derecho a liberar los informes de crédito de estas oficinas al menos una vez al año.

También puedes solicitar que se eliminen los informes negativos de tu perfil crediticio, como la bancarrota, después de la fecha límite.

La Ley de Organizaciones de Reparación de Crédito:

La Ley de Organizaciones de Reparación de Crédito es otra regulación de los EE.UU. que te protege a ti y a tu empresa en el momento en que te dispones a reparar tu crédito. A partir de informes de empíricos, muchas organizaciones han abusado de individuos basados en su apasionado deseo de reparar su crédito y los han extorsionado de todas las maneras posibles. Muchas empresas afirman que podrían crear un perfil nuevo, borrar la información negativa y hacer todo tipo de trabajo en su informe de crédito, de tal manera que su informe de crédito se vuelve demasiado bueno para ser verdad. Falsedades como estas son las que esta ley se propone combatir, y ha combatido activamente desde 1996.

¿Qué implica esta política?

- El proceso de reparación de crédito puede ser manejado por una persona por sí misma, por lo que las empresas de reparación de crédito no deben alegar que un informe de crédito no puede ser resuelto por la persona misma.

- Mereces que te digan solo la verdad, las organizaciones de reparación de crédito deben presentarte solo información factual.

- Las empresas de reparación de crédito no deben recibir pagos por adelantado de tu parte por sus servicios.

- Tu contrato con las empresas de reparación de crédito debe ser documentado y se debe adjuntar una cláusula que te permita cancelar la interacción en cualquier momento que lo desees.

CAPÍTULO SIETE

DISPUTAR LAS CUENTAS NEGATIVAS Y LOS ERRORES

Estoy seguro de que, a estas alturas, lo más importante que resuena en tu cabeza es lo importante que es tu informe de crédito. Ni siquiera es porque sea tuyo, es porque es una copia instantánea de tu historial de crédito. refleja todo acerca de tu crédito pasado, presente y también potenciales. Todo, tus bancarrotas, juicios, historial de pagos, préstamos y tarjetas de crédito que hayan existido alguna vez a tu nombre en la industria crediticia. Tengo que mencionar de nuevo que es un elemento vital que puede crear o estropear tus posibilidades de conseguir un préstamo, y conseguirlo en los mejores términos posibles. Debido a ese nivel de sensibilidad, quieres asegurarte de tener un informe perfecto, impresionante e impecable. Tener un gran historial no termina en hacer lo mejor que puedes en tu perfil, ya sabes. No se trata de pagar antes de tiempo, tomar préstamos sencillos y todos esos consejos que has escuchado antes, se extiende a la doble verificación y la confianza de que no hay ni un ápice de error en tu registro de crédito.

En muchos casos, tu registro de crédito puede estar plagado de errores, probablemente vengan del proveedor de información o de tu compañía de crédito. Estos errores pueden ser desde leves, como errores de ortografía, hasta más amplios y drásticos, como errores en las cifras, nombres, etc., que pueden presentar un historial que no es tuyo a cualquiera que revise tu informe de crédito. Naturalmente, los bancos y las cooperativas de crédito rechazarán tu informe crediticio cuando tu nombre no coincida con lo que tienen en tus registros, incluso en el caso de errores de ortografía.

De vez en cuando, los errores pueden ser algo bueno en tu perfil. Por ejemplo, si has incumplido cuatro veces y encuentras "una vez" en tu informe crediticio en lugar de 4, te darás cuenta de que tienes un puntaje crediticio más alto del que deberías tener. Por supuesto, esto es una ventaja para ti, pero no deberías aprovecharte de errores como ese. El error probablemente será detectado, rastreado y corregido en algún momento, y cae donde debería haber estado desde el principio. De hecho, si llega a esta etapa antes de que se corrija, las banderas rojas en tu informe de crédito se vuelven obvias para tu potencial prestamista y eso significa una cosa, te estás poniendo en desventaja porque los prestamistas tal vez nunca confíen en tu informe de crédito.

En situaciones menos drásticas, los errores se convierten en el problema de tu perfil. Si originalmente tenías un puntaje crediticio medio o alto, los errores pueden empezar a reducir tu calificación a un puntaje tan malo que no tendrías ninguna posibilidad de obtener un préstamo en las cooperativas de crédito de tu objetivo. Eso no es todo, nunca serás capaz de explicar cómo te pusiste tan mal. Dudarás de ti mismo y de todas las empresas involucradas. "¿Debo a la cooperativa de crédito hasta mil dólares?", te preguntarás. También crean dudas en tu perfil, y las dudas persistentes son razones suficientes para negarte un préstamo. Por eso hay que esforzarse conscientemente para tener un bue informe, no solo en la práctica sino también por escrito.

Sin embargo, hay veces en las que encuentras banderas rojas que no puedes explicar. Encuentras confusas mezclas de nombres en tu perfil crediticio, préstamos saldados o deudas que reaparecen como préstamos y así sucesivamente. A veces, lo que encuentras son registros negativos como la bancarrota que ha llegado a su período de exclusión, y has escrito una solicitud formal para que sean eliminados, pero sin ninguna razón oficial, siguen en tu informe de crédito, mirándote directamente a los ojos. Puede que te encuentres algunos triviales en tu propio caso. Pero conviértelo en algo que nunca olvidarás, no puedes permitirte tener un error en tu informe de crédito. sus efectos pueden ser más drásticos de lo que puedes imaginar. Puede ser que se te castigue o se te prive de varios beneficios debido a los errores que nunca cometiste, y podría traerte una serie de implicaciones legales, financieras y ciertamente económicas. Debes hacer todo lo posible por sacarlos de tu perfil de crédito inmediatamente. Puedes leer una guía paso a paso sobre cómo hacerlo en las próximas líneas, pero antes de eso, ¿cuáles son exactamente esos errores que puedes encontrar en tus informes de crédito y que debes pelear contra ellos en el instante en que los descubras?

Los errores de crédito pueden registrarse se en las siguientes áreas:

a. **Error de Personalidad:** Según un comunicado de *American Banker* en el 2017, el error de personalidad es la forma más común de error en un perfil de crédito. se trata principalmente de errores cometidos en la información personal del propietario de un informe de crédito. empezando por su nombre. Es muy posible que tu nombre no estuviera bien escrito en una o algunas transacciones de crédito, o en tu perfil de crédito completo. Otras veces, es un error ortográfico, o una omisión de algún tipo. Es incluso posible que se añada un nombre demás a tu nombre original, o que se introduzca un nuevo nombre para sustituir el tuyo. Además del nombre, debes comprobar la dirección de tu casa, la dirección de tu negocio, el teléfono y los contactos móviles también. Asegúrate de que sean exactos. Tu número de seguro social entra en esta categoría.

Hay muchas posibilidades de que alguien no haya sido muy

inteligente, o que haya tenido prisa al tipear estos trozos de información, por lo que podrían mezclar las cifras o letras y proporcionar un trozo de información inexacta. Podrían llegar a mezclar tu perfil con el de alguien más con un nombre similar y, lo que es peor, esta sección de tu perfil de crédito sería el primer objetivo de cualquiera que intente hackear tu cuenta. Particularmente si están buscando usurpar tu cuenta. Revisar la primera parte de tu informe de crédito es todo lo que necesitas para descifrar esto.

b. **Actualización Inexacta de la Cuenta:** Esto es otro tipo de error que debes asegurarte que no ocurra en tu perfil. En la mayoría de los casos, este error se produce en tu agencia de crédito o en tu empresa de suministro de información (la empresa que proporciona esa información; la empresa de la tarjeta de crédito de tu cooperativa de crédito, el tribunal, etc.). De vez en cuando, los hackers también pueden meterse en esto. Estamos hablando de la parte en la que se computan los detalles de tus transacciones. ¿Tu informe de bancarrota todavía se refleja cuando ya no debería? ¿has pagado alguna deuda y todavía se refleja como impagada? O ¿las cuentas que has cerrado aún se reportan como abiertas? ¿encontraste retiros que no hiciste en tu informe de crédito? No intentes asumir que son tuyos. Señálalos inmediatamente y toma las medidas necesarias para sacarlos de tu registro. Hay una suposición muy extendida que en el instante que tú solicites la corrección de errores o informes negativos en tu perfil, tu puntaje crediticio será reducido por la agencia de crédito y eso es otro menos. Pero tirar esa información a la basura, es solo otro error. Si estás seguro de que las estadísticas no son tuyas, sigue adelante y haz la solicitud, tu puntaje crediticio solo puede permanecer igual, o mejorar.

c. **Errores de Gestión de Datos:** Este tipo de error es similar al anteriormente mencionado. Se comprueban en el segundo segmento del informe de crédito, donde también se registran los detalles de las transacciones de crédito. Es algo para asegurarse de que la cuenta esté actualizada, es otra para tener la seguridad de que los datos proporcionados coinciden en todas las áreas. ¿No hay desequilibrios? ¿no se comunicó ninguna información dos veces o más? ¿no se mezclaron las empresas? ¿la cantidad especificada en cada caso concuerda con lo que tú siempre has creído que es? Los errores pueden venir de cualquier lugar y no debes sentir reticencia cuando estés seguro de que lo que tú sabes que no es exacto y debas quejarte.

d. **Errores en el Informe de Balance:** Ahora, esta es la parte del negocio. Toda la idea del crédito se basa en hechos y cifras. Las cifras y los hechos presentados en tu perfil de crédito no son probablemente exactos. Esto se debe a que hay muchos cálculos por hacer. De cada operación de crédito a otra, de la impresión porcentual en una a la otra, y así sucesivamente. Tienes mucho que calcular y estarías mucho más seguro de si tomar el riego o lo calculas tú mismo.

En resumen, los errores pueden reflejarse en tu información personal, bancaria y crediticia. También pueden reflejarse en la forma en la que se presentaron tus datos. No hay errores pequeños, y normalmente tiene mucho más sentido eliminar los errores en el momento en que los encuentras. Es la única manera de evitar situaciones molestas que puedan poner en duda la integridad de tu empresa y tu carrera financiera.

Ahora, cómo debes corregir los errores de tu informe de crédito, aquí están los pasos:

a. **Péscalos Todos:** Mi recomendación principal es que averigües cada error en tu registro, antes que nada. Si acabas de encontrar uno, hay muchas posibilidades de que haya al menos uno más en algún lugar, y puede hacer inferencias a partir del nuevo que encontraste. Por ejemplo, encontraste un error en los detalles de tu transacción de crédito con el banco A&G, tu nombre estaba mal escrito. Es probable que las cifras de esa transacción también estén mal proporcionadas. Por ejemplo, puede que encuentres 3.100 dólares en lugar de 1.300 dólares. En otros casos, buscar más puede demostrarte que el nombre también se escribió mal en las otras transacciones.

   Sea cual sea el caso, se pueden rastrear fácilmente los puntos cuando se examina a fondo el informe de crédito. Puede que se haya cometido un solo error, pero no vas a permitir que uno o varios errores arruinen tu oportunidad financiera, y por eso te sentarías a pescarlos tú mismo.

b. **Póngase en Contacto con el Proveedor de**

Información Cuando sea Necesario: Aunque las agencias de informes de crédito son responsables de cometer errores, los registros prueban que los errores no se cometen a partir de ellos muchas veces, los errores se originan en tu proveedor de información. Tu proveedor de información es la empresa que se espera proporcione los detalles dc un rcgistro particular sobre o relacionado con tu crédito.

Por eso, en algunos casos, tu proveedor de información podría ser el Registro Público, el tribunal, tu banco o compañía de tarjetas de crédito, tu compañía de préstamos para automóviles o la cooperativa de crédito. otras empresas pueden estar involucradas en otros casos. Por lo tanto, es probable que este error se haya cometido mientras tu proveedor estaba computando y proporcionando información a tu agencia de crédito. El patrón de los errores en tu informe de crédito también puede darte una pista de dónde comenzaron los errores. Es entonces cuando se recomienda contactarlos primero. Notificarles y hacerles preguntas, para averiguar el origen del error. También es más rápido, ya que puede obtenerse una respuesta en unas pocas horas, mientras que una agencia de crédito tardaría días en responder al menos. Sin embargo, hay que tener en cuenta que no siempre son culpables y que sería prudente examinar a fondo los informes y tener una opinión sólida de que los errores tienen algo que ver con ellos antes de meterlos en el negocio. En esos momentos no estás seguro de quién es el culpable, recuerde que no hay ningún daño en acercarte a ellos

c. **Contacta a tu Agencia de Crédito:** En esos momentos tú estás seguro de que tus oficinas de crédito no son las culpables de las fallas, necesariamente tienes que contactarlos. Primero, ellos suministraron la información y ésta continuaría estando en sus registros. Si tienes que contactarlos en momentos en los que no son culpables,

¿qué tal en esos momentos en los que estás seguro de que son culpables del error?

Al igual que le sucedió a Equifax en 2015, las oficinas de crédito son bastante susceptibles a los constantes ataques de los hackers y hay posibilidades de que alguien acceda a algunos trozos de información, sin importar lo seguro que sea el sistema. Por eso es bastante imaginable que algo fuera diferente en tu informe de crédito y que no fuera lo mismo que el informe habitual que obtienes de tu compañía de crédito. De hecho, puedes obtener informes similares de dos agencias de crédito mientras que, sin ninguna razón oficial, obtienes información diferente de la tercera compañía. Todo esto es sobre la misma transacción crediticia de la que tienes registros completos, y que coincide con el informe de las dos primeras empresas.

En una situación así, queda claro que la oficina de crédito

tiene la culpa. Ya sea que descubras que el error se origina en la agencia de crédito o no, se hace necesario contactarlos e informarles del error. ¿Cómo se hace eso? Definitivamente hablaremos de eso. Siempre y cuando envíes los datos necesarios, puedes esperar que comiencen una investigación, comparen las estadísticas que tienen con la información que les fue proporcionada y corrijan las estadísticas si es necesario, si es de otra manera, todos los proveedores de información necesarios son contactados. Si tu proveedor de información admite la culpa, se puede incluir en tu anexo una copia de tu notificación a la oficina de crédito.

d. **Espera con Interés tu Informe de Crédito:** Corregir tus informes de crédito tomaría alrededor de 30 días. Después de los cuales tu oficina de crédito te contactará, normalmente con otra copia de tu informe, de forma gratuita. Si descubrieran que los errores que tú señalaste son errores en realidad, te suministrarían una copia corregida, y si no, te suministrarían otra copia de tu antiguo informe crediticio, indicando que han realizado investigaciones y confirmado de tus proveedores de información, pero que no hay errores. En este momento puedes decidir si demandar a tu agencia de crédito, o dejar las cosas como están, todo depende de lo que tú piensas acerca del nuevo informe.

e. **Otras Acciones Legales:** En la mayoría de los casos, los errores se identifican y se corrigen, y tu copia revisada se envía en unos pocos días. Posteriormente, la ley exige a tu oficina de crédito que se ponga en contacto con todas las cooperativas de crédito y otras organizaciones que hayan recibido el informe inexacto en los últimos seis meses y les notifiquc la actualización de tu cuenta. A toda persona que haya recibido este informe de crédito en los últimos dos años se le debe enviar la nueva copia.

Siempre y cuando tomes estos pasos en conocimiento y te asegures de que, de alguna manera, cada uno de ellos se cumpla, puedes corregir los errores en tu informe de crédito. ¿Pero cómo te contactas con tu informe de crédito?

Esto es bastante técnico. Hay decenas de miles, si no cientos de miles de personas que escriben para corregir errores al mismo tiempo. Muchas de estas personas no obtienen un nuevo informe de crédito porque no pudieron expresarse en términos claros, estaban demasiado lívidos para señalar las cosas principales que eran, proporcionaron información inadecuada y en otros casos, enviaron su informe a una dirección equivocada. Estas son las razones por las que las Leyes de Informes de Crédito Justos (LICJ
- FRCA, por sus siglas en inglés) dieron un formato específico para la corrección de errores en los informes de crédito. Este formato debe seguirse cuando se prepara y se

presenta una carta para la corrección de errores. He adjuntado el formato y algunas muestras para su lectura:

[Tu
Nombre
] [Tu
Dirección
n]
[Tu Ciudad, Estado, Código Postal]

[Fecha]

Departamento de
Quejas [Nombre de la
Compañía] [Dirección
de la Calle]
[Ciudad, Estado, Código Postal]

Estimado Señor o Señora:

Le escribo para disputar la siguiente información de mi expediente. He marcado con un círculo los puntos que impugno en la copia adjunta del informe que he recibido.

Este artículo [identifique el artículo o artículos en disputa por el nombre de la fuente, como acreedores o tribunal fiscal, e identifique el tipo de artículo, como cuenta de crédito, sentencia, etc.] es [inexacto o incompleto] porque [describa lo que es inexacto o incompleto y por qué].

Solicito que el artículo sea eliminado [o solicite otro cambio específico] para corregir la información.

Se adjuntan copias de [utilice esta frase si corresponde y describa cualquier documentación adjunta, como registros de pago y documentos judiciales] que respaldan mi posición. Por favor, vuelva a investigar este [estos] asunto[s] y [elimine o corrija] el [los] elemento[s] en disputa lo antes posible.

Sincera

mente,

Tu

nombre

Adjuntos: [Liste lo que está adjuntando.]

Como estarás de acuerdo, esto es bastante directo y simple. El equipo entiende que estás molesto por tus registros, pero no necesitas inventar nuevas palabras para expresar tu consternación, apegarse a esta guía aumenta tus posibilidades de obtener una respuesta antes que cualquiera que no lo haga. En caso de que no estés seguro de cómo arreglar las palabras exactamente, aquí tienes una guía:

Este informe es para Han Martínez que acaba de recibir su informe de crédito de Equifax. Descubrió que la cantidad total que le quedaba por pagar a su First City Union, su compañía de crédito no era lo que encontró en el registro. Encontré 9.000 dólares en su informe de crédito y todo lo que había que pagar eran 4.500 dólares, habiendo pagado 4.500 dólares en el mes anterior. Esto es lo que ella escribe:

Han Martínez,

2245 De La Boulevard Santa Clara CA 408

18/12/2019

Departamento de

Quejas Equifax

P. O. Box 740241, Chester, PA Business Bureau
Rating 678

Estimado Señor o Señora:

Le escribo para disputar la siguiente información de mi
expediente. He marcado con un círculo los puntos que
impugno en la copia adjunta del informe que he recibido.

La cantidad total que queda por pagar al "First City
Union", mi compañía de crédito, es inexacta porque me
quedan 4.500 dólares por pagar en mi crédito, y no 9.000
dólares. Solicito que se corrija este error con la
información apropiada.

Se adjuntan copias de mis recibos de los pagos anteriores,
mi cargo total y cómo se han pagado. También he
adjuntado una copia de la notificación más reciente de First
City Union, en la que se indica claramente mi posición de
que sólo tengo 4.500 dólares para equilibrar. Por favor,
vuelva a investigar este asunto y corrija el punto en disputa
lo antes posible.

Sincera

mente,

Han

Martíne

z

Adjuntos: [un recibo de First City emitido el 30 de diciembre, Mi transacción de crédito de First City Union]

Hard? No way, I have a feeling you want to try drafting some right away.

CAPÍTULO OCHO

TÉCNICAS DE CONFIANZA PARA LA REPARACIÓN DE TU CRÉDITO

No importa cuán malo sea tu crédito, puedes restaurarlo a uno de los mejores perfiles de crédito que alguien pueda tener. Tus experiencias previas, información negativa, registros públicos deficientes, todo puede ser silenciado de tal manera que tendrías un perfil de crédito que reflejaría notas muy altas e información impresionante. Puedes hacer todo esto tú mismo, y no necesitas contratar una organización de reparación de crédito para ello. En la mayoría de los casos, las personas han tenido un mejor desempeño cuando tratan de reparar su perfil crediticio por sí mismas en lugar de contratar una organización de reparación de crédito. Esto es para enfatizar el punto de que en realidad es mejor reparar tu crédito tú mismo, y no hay prácticamente nada especial que las compañías de reparación de crédito tengan que hacer en tu crédito que tú no puedas hacer por ti mismo. Puedes optar por contratarlos si crees firmemente que necesitas sus servicios, pero si deseas resolverlo tú mismo, las técnicas que debe buscar para aplicar se discutirán en las próximas líneas. Debes tener en cuenta que estas técnicas son las mismas que las que tomarían tus compañías de reparación de crédito, y en lugar de acelerar las cosas, sólo puede complicarse con ellas. Las técnicas se enumeran a continuación:

Prepárate para Reparar tu Crédito: Una lección importante que los asesores de los acreedores nunca olvidarán traer es su mentalidad. Curiosamente, la mayoría de las personas que te aconsejan en la industria nunca mencionan esta sugerencia. En su lugar, podrían ir directamente a los otros pasos que consideren necesarios. Pero tan importante como los otros, controlar tu mentalidad es vital para reparar tu crédito. Debes tener en cuenta que, antes que nada, tu informe de crédito debe ser reparado, tu puntaje debe ser arreglado y debes construir un perfil impresionante de nuevo. Tener eso en mente cada vez puede ayudarte a decidir cómo guiar tus finanzas, lo que compras, cómo estableces tu presupuesto y cómo lo llevas a cabo. ¡Eso no es todo! Puede ayudarle a elaborar una tabla de costes de oportunidad sobre qué compañía de crédito debe ser pagada cuando el mes termine y a quién no hay que pagar. Como ejemplo práctico, si ganas 600 dólares cada mes y tienes un préstamo para automóvil mensual de 100 dólares y una tarjeta de crédito de 150 dólares, es fácil pagar uno de estos y quizás la mitad del otro y luego reservar tus ingresos para otros artículos de tu presupuesto. Pero si construyes una fuerte mentalidad de que todo lo que quieres es reparar tu perfil de crédito, entonces, antes que nada, pagarías tus cuotas de crédito cada mes. Tu nivel de compromiso también puede ayudarte a construir un fuerte apoyo de tus acreedores. Así que, antes que nada, ¡ten en mente que puedes hacerlo!

Familiarízate con tu Informe de Crédito: No es inspirador escuchar que tu puntaje crediticio se volvió bajo porque no tenías idea de lo que estaba sucediendo con él, pero seguiría sucediendo si no te familiarizas con las actualizaciones de tu registro de crédito. Algunos no solicitan su informe de crédito hasta que una compañía de crédito se lo exige. Ese no debería ser el caso. No sólo necesitas actualizar regularmente lo que sabes sobre tu informe de crédito, sino que también necesitas tomar decisiones incisivas basadas en lo que reúnes. El primer paso es familiarizarse con tus oficinas de crédito. Asegúrate de solicitarles tu informe de crédito. Tienes derecho a una copia gratuita anualmente y puedes pagar una ficha para obtener más. Por ejemplo, si obtienes tu informe de crédito gratuito en marzo, puedes pagar en julio, y noviembre para obtener los actualizados.

Los cargos no suelen ser altos, pero son notablemente diferentes. Si realmente te importan los cargos y te gustaría encontrar alguna forma de evitarlos, entonces toma el rigor de leer libros que pueden guiarte para aprender a calcular tu reporte de crédito por ti mismo. Asegúrate de que también escudriñes tus informes de crédito en busca de errores.

Contrata un Asesor: Puede ser una idea brillante contratar una compañía de reparación de crédito, aunque puedes hacer todo lo que hay que hacer por ti mismo. Incluso si no contratas una compañía de reparación de crédito, definitivamente necesitas algunos expertos relacionados. Hay diferentes campos de especialización en la industria financiera, y te moverás mejor con algunos de ellos a tu servicio. Por ejemplo, puedes contratar a un asesor de crédito. Un asesor de crédito es un profesional capacitado que te sigue guiando en tus decisiones financieras. Te ofrece opiniones de expertos, planes perspicaces, cálculos cronometrados, y muchos otros. Por lo general, un asesor de crédito también puede ayudarte a elaborar un presupuesto fantástico, y puede proponer planes que te saquen de tu condición mucho antes de lo que lo harías por tu cuenta. Los asesores de crédito ni siquiera tienen que sentarse contigo todo el día. Sus servicios son en su mayoría en línea y puedes elegir trabajar con una ONG o una empresa paga. Además de los asesores de crédito y las empresas de reparación de crédito, los asesores de deuda, los economistas, los expertos financieros, etc., son personas que puedes llevar contigo en tu viaje financiero.

Aprende de tu Historial: Si le preguntas a cualquiera en cualquier campo, descubrirás que la única esencia del historial es aprender de él. Tu historial es tu perfecta muestra de lo que sería el resultado si tomas las decisiones que hiciste en el pasado. Ahora, ¿es tu historial financiero satisfactorio? Realmente me pregunto si tendrías que reparar tu crédito si tuvieras un historial tan impresionante. Estarías de acuerdo en que algo salió mal o que algunas decisiones no fueron correctas y por eso terminaste con un puntaje crediticio tan malo que tienes que aprender a hacerlo de nuevo. Eso es exactamente lo que deberías aprender del historial. Tienes que hacer un análisis completo y averiguarlo. ¿Qué fue lo que no se hizo bien? ¿Qué es lo que debería haberse hecho más? ¿Qué descubriste durante tus primeros tiempos de exploración? Tu historial es tu guía, asegúrate de hacer lo mejor con él. Pero toma nota de esto; no debes pasar toda tu vida tratando de evaluar tu historial. Lo que estaba mal ya está mal, y lo que estaba bien ya no importa. Tu preocupación es el futuro. No debes reflexionar o vivir en tu historial tanto como para que se convierta en tu prioridad. Comúnmente, ¡el negocio está en el futuro!

No Cierres tu Antigua Cuenta de Crédito: Muchas veces, los dueños de negocios piensan que sus antiguos perfiles de crédito son insoportables o son fuentes de tristeza y realmente no quieren escuchar nada más al respecto. A pesar de que se preocupaban mucho por ello, lograron puntajes impresionantes antes de que algo saliera mal. Algunos no quieren nada relacionado con el pasado en su nueva vida, así que cerraron sus viejas cuentas de crédito. ¿Pero es siempre la solución? No, en absoluto. La mayoría de las veces, el cierre de tu antiguo crédito resta puntajes de tus informes de crédito.

¿Cómo? Tu antigua cuenta de crédito es una prueba de tu experiencia. Es un establecimiento de cuánto has profundizado en la industria, hecho registros, cometido errores y has aprendido de todo el historial. Te presenta como un veterano y sabes que eso es un plus en tu perfil de crédito. Eso no es todo, si cierras la cuenta y tienes algún registro condenatorio en ella antes, tal vez pagos de préstamos incompletos y tales registros, puede ser transferido a tu nueva cuenta y eso es lo peor con lo que cualquiera podría empezar. Tanto si tienes registros de crédito no pagados como si no, ¿por qué cerrar tu registro de crédito? **Construir Grandes Relaciones Alrededor del Mundo del Crédito:** Es vital construir relaciones útiles alrededor de tu mundo de crédito, primero con tus parientes y amigos. Necesitas construir relaciones fuertes tan bien que ellos te consideren un usuario autorizado de su crédito. Eso podría ser un impulso a tu perfil, particularmente si tu pareja tiene un historial de crédito impresionante. Ese perfil crediticio será referenciado al considerar el tuyo, ya que es uno de los perfiles crediticios a los que tienes acceso directamente. Desde otra perspectiva, debes buscar construir relaciones fuertes con tu compañía de crédito también. Asegúrate de que la compañía entienda tus ingresos y tu capacidad, y que puedan responder por ti si alguna vez se trata de créditos. Es la única manera de que tengan menos dificultades para soportar las cosas si de repente te vuelves incapaz de pagar tus deudas. Además de eso, puedes contar con ellos para excluir un montón de marcas negativas antes de enviar tu registro a la agencia de informes de crédito. También se recomienda en situaciones aplicables para construir relaciones humanas, más allá de las relaciones de la empresa con los personajes clave de tu compañía de crédito.

Borra tus Marcas Negativas: Otra sugerencia que vale la pena es que te asegures de limpiar todos los registros desalentadores y degradantes de tu perfil. De vez en cuando, las marcas negativas en tu puntaje crediticio no son realmente ganadas por ti; podrían ser errores de las oficinas de crédito y las empresas de reparación de crédito entienden eso. Las empresas de reparación de crédito se dan cuenta rápidamente de esto y es por eso que podrían asegurar que limpiarían tus marcas negativas más allá de lo que tú podrías atreverte. Es todo un error, no es nada que no puedas manejar. Sólo tienes que averiguar cuál fue la fuente. Puedes contactar con tus oficinas de crédito o tu compañía de crédito, también puedes limpiarlo con mucho mejor rendimiento. En casos remotos, tus marcas negativas son informes de hechos de tu interacción. Probablemente se deba a un pago tardío o a factores similares. Puedes ponerte en contacto con tu compañía de crédito para que te ayuden en este sentido. Ellos pueden simpatizar con tu causa porque les ofreces un trato mucho mejor que ellos aprecian o tienes mejores relaciones con ellos. En cualquiera de estos casos, puedes acudir a ellos para limpiar ese registro.

Reverencia tus Antiguos Tratos: Si se diera el caso de que salieras de tus antiguas deudas con ayuda especial, como la quiebra, los planes de gestión de deudas, la confiscación y otras políticas similares, asegúrate de cumplir con todas las políticas y regulaciones que hayas aceptado en el acuerdo. Siempre se aconseja que consientas en las regulaciones que puedas soportar cómodamente. También debes asegurarte de que todas las regulaciones se cumplan firmemente y de que tu pago mensual se haga efectivo a su debido tiempo. Puedes reparar gradualmente tu puntaje crediticio usando este método. En algunos casos, puedes darte cuenta de que algunas cláusulas o métodos de pago son inconvenientes. Es necesario buscar inmediatamente a tu compañía de crédito o intermediarios (dependiendo del tipo de plan que hayas utilizado) y arreglar las cosas con ellos. No esperes a que incumplas antes de tomar medidas.

Solicita un Aumento de tus Límites de Crédito: Siempre se recomienda solicitar un aumento cuando se empieza de nuevo. Como se puede suponer, las compañías de tarjetas de crédito entienden que significa un aumento de tu beneficio mensual, y probablemente darían una respuesta positiva. Puede que sólo duden a causa de un pobre historial de crédito. Sin embargo, si lo logran, debe tener en mente que no debes gastar más allá de tu crédito habitual en ninguna ocasión. Sólo has solicitado esto para demostrar que podrías tener una mayor cantidad a tu disposición. En la mayoría de los casos, pagar lo poco que se usa no es difícil y el uso de una proporción menor se considera como un centavo, y ganas algunas marcas adicionales en tu perfil. Las notas positivas como esta pueden aumentar enormemente tu puntaje crediticio y borrar tus registros negativos.

Es importante señalar que mientras sigas intentando todo lo que puedas, las soluciones no son mágicas. Requerirían un tiempo diferente para resolver y aumentar tus puntajes crediticios de nuevo. Por lo tanto, tendrías que ser realmente paciente. Con paciencia, una cuidadosa consideración de estas técnicas y una aplicación apropiada, tendrías tu cuenta saludable de nuevo en el futuro cercano.

CONCLUSIÓN FINAL

IDEAS Y CONSEJOS PARA TENER EN CUENTA AL REPARAR SU CRÉDITO

Hasta ahora en el viaje de tu reparación de crédito, has sido expuesto a una serie de ideas, conceptos y estrategias que necesitas llevar a cabo para mejorar tu vida. Ya no es una noticia que tu puntaje crediticio afecte tu vida por completo, incluso en formas que nunca imaginaste. Podría ser un obstáculo para las oportunidades que podrían cambiar tu vida para siempre y, al mismo tiempo, podría ser el punto de acceso a la buena vida que siempre has esperado. Todo depende del estado de tu crédito. En este capítulo final, te presento los trucos y consejos que las compañías de reparación de crédito no quieren que sepas. Estas son medidas probadas y confiables para mantenerlas en el fondo de tu mente mientras pasas por el proceso de reparación de tu crédito.

Puedes Hacerlo Tú Mismo

Esta es la verdad más fundamental que las compañías de reparación de crédito no quieren que te des cuenta. Es cierto que el proceso implica cierto tecnicismo y por lo tanto requiere cierta medida de tácticas para ver a través de él, pero esto no quiere decir que no puedas hacerlo todo por ti mismo con la información correcta. De hecho, es muy aconsejable abordar personalmente tus problemas de crédito para mantenerte informado sobre las áreas básicas en las que debes prestar más atención en tus transacciones cotidianas. El lugar correcto para empezar es solicitar tu informe de crédito a cualquiera de las principales agencias de crédito y analizarlo cuidadosamente tú mismo.

Pagua tus Tarjetas de Crédito Cerca de sus Límites

No, no puedes pagar tus deudas al azar. Es muy recomendable comprobar cuál(es) está(n) cerca de sus límites y compensarlo(s) primero. La lógica es simple: pagar las tarjetas de crédito que están cerca de los límites reduce mágicamente tu tasa de utilización, y esto ocupa un lugar importante en tu informe de crédito.

Aumenta tus Pagos por Ciclo de Facturación

No olvides que el objetivo es acelerar el pago de tus deudas

iniciales y aumentar tu solvencia. También quieres reducir
tu

utilización y aumentar tu puntaje. Si puedes permitírtelo, duplica el pago de tus facturas por mes.

No, no Tienes que Cerrar tus Cuentas de Crédito

Es una práctica común encontrar expertos y empresas de reparación de crédito, así como personas que desean cerrar sus cuentas de crédito, a veces justo después de compensar las deudas en ella. Esto es completamente innecesario y hace que tu informe de crédito sea más perjudicial que bueno. La verdad es que cerrar una cuenta no la elimina de tu informe de crédito. De hecho, todos los detalles disponibles acerca de las cuentas cerradas están listados en tus informes. Por el contrario, dejarla abierta, aunque no tengas intención de utilizarla, la convierte en un testimonio de tu historial de pagos. En lugar de cerrar una cuenta que te da problemas, puedes transformarla a tu favor pagándola, aunque sea lentamente. Si es necesario cerrar una cuenta para reducir la excesiva carga de trabajo en ti, es recomendable cerrar las nuevas con menos historial.

A Veces, no Hacer Nada Podría Ser una Estrategia

Esta es una verdad de orden superior que nadie quiere que conozcas. Su eficiencia depende en gran medida del contexto y la situación en cuestión. La información negativa no siempre permanecerá en tu informe de crédito; tienen una duración de sólo unos siete años, aunque la bancarrota del capítulo siete puede permanecer más tiempo que eso. Dejar que la información negativa en tu cuenta se caiga, especialmente si el tiempo límite ya está cerca, es un enfoque sabio. Esto es esencialmente útil porque toda la información, ya sea positiva o negativa, excepto en algunos casos, se cae de tu cuenta de crédito después de siete años.

Concéntrate en la Utilización de tu Crédito

Es importante prestar la debida atención a la utilización de tu crédito. Esto se refiere al porcentaje de crédito que utilizas durante cada ciclo de facturación. Debe mantenerse al mínimo porcentaje posible. La utilización óptima de tu crédito en cada cuenta por ciclo de facturación, es decir, un mes, es el 30% de tu límite de crédito. Cuando hagas la reparación de tu crédito, asegúrate de no gastar más de este porcentaje en una cuenta en particular. La implicación de esto es que da la impresión de que no gastas más de lo que puedes permitirte por ciclo. Para lograr esto, tienes que reducir tus gastos enormemente. Si esto es imposible de lograr, es aconsejable solicitar varias cuentas para poder repartir los gastos en las cuentas de crédito. La utilización de tu crédito es fundamental para tu puntaje crediticio. Si lo mantienes al nivel más bajo en el curso de tres a seis ciclos de facturación, es probable que veas cambios rápidos.

No Disputar sin Pruebas

Al revisar continuamente tus informes de crédito, es inevitable encontrar errores de vez en cuando. A veces, tales errores se basan completamente en información errónea proporcionada a las agencias de informes de crédito. En tales casos, es justificable disputar dicha información negativa. Sin embargo, debes disputar con precaución porque las disputas excesivas perjudican tu historial de crédito. Con el tiempo, es posible que tus disputas no se tomen en serio. Definitivamente, no quieres eso para ti. Si debes disputar, asegúrate de hacerlo con las pruebas de respaldo requeridas. Esto nos lleva al siguiente consejo a tener en cuenta.

Mantén tus Documentos de Crédito en Orden

Por cada transacción que realices, asegúrate de tener suficientes pruebas escritas para respaldarla. Tales documentos serán útiles si alguna vez tienes que disputar cualquier información en tu informe de crédito. Más aún, nunca hagas un acuerdo oral. Guarda los recibos y el papeleo de todos tus compromisos financieros.

Cambia tus Hábitos de Gasto

Intentar reparar tu crédito sin eliminar tus malos hábitos financieros es un auto-sabotaje. Te estás haciendo un daño a largo plazo al reparar tu crédito sólo para volver a pedir más préstamos y desperdiciarlos en gastos menos importantes. Los malos hábitos frustran la reparación de tu crédito porque te puede resultar difícil pagar tus cuentas. Si debes pedir prestado, hazlo responsablemente y gástelo sólo en asuntos productivos. No pidas prestado más de lo que lógicamente puedes devolver, y no aceptes los términos de interés que te resulten difíciles de pagar.

No pagar las cuentas a tiempo es una de las peores formas en que tu solvencia podría verse afectada, y, claro, ¡no querrás tener a los cobradores de deudas en tu cara todo el tiempo!

Ten Cuidado con las Compañías de Reparación de Crédito

Aquí hay un importante esfuerzo de precaución. Debes haberte sorprendido de mi disposición hacia las compañías de reparación de crédito desde el principio de este libro. Las razones no son descabelladas. Para empezar, no todas las compañías de reparación de crédito o expertos son confiables. En un intento de conseguir tantos clientes, hacen promesas poco realistas y te convencen de que pueden lograr un puntaje crediticio de más de 720 de la noche a la mañana o en pocos días. Esto es completamente imposible. La mayoría de estas empresas se inmiscuyen en tu privacidad crediticia, te piden pagos por adelantado y se involucran en otros actos ilegales, pero te dan pocos o ningún resultado. Más aún, ciertamente puedes reparar tu puntaje crediticio por ti mismo.

En general, es pertinente dejarte este consejo vital al embarcarte en la reparación de tu crédito: debes mantenerte comprometido con el proceso, dar todo lo que requiera, y eso incluye tus esfuerzos, tiempo y paciencia. Por desesperación, podrías estar tentado a esperar resultados en unos pocos días, pero no, la reparación de crédito no es mágica. Debes estar dispuesto a dar todo lo necesario y esperar pacientemente el resultado.

www.ingramcontent.com/pod-product-compliance
Lightning Source LLC
Chambersburg PA
CBHW071606150726
48000CB00004B/1604